직원은 관리의 대상이 아닌 협력의 파트너로 대해야 합니다.
사람에게는 자존감과 가치관이라는 영혼의 힘이 있기 때문입니다.
기업이 당면한 문제의 시작과 해결도 결국은 사람으로 귀결됩니다.

브라이언 김

기업은 자사의 제품을 구입하지 않는 소비자를 대상으로
경쟁해야 합니다. 업종과 상관없이 그들과 경쟁에서 승리하는 기업이
진정한 일류 회사가 됩니다.

브라이언 김

브라이언 김 경영칼럼

영혼을 움직이는 리더십

 한누리미디어

국립중앙도서관 출판시도서목록(CIP)

영혼을 움직이는 리더쉽 / 브라이언 김 경영칼럼 지은이: 브라이언
김. -- 서울 : 한누리미디어, 2016
    p. ;   cm

ISBN 978-89-7969-721-6 03320 : ₩15000

경영 관리[經營管理]
칼럼집[--集]

325.04-KDC6
658.002-DDC23   CIP2016022730

터보에어 그룹은…

1997년 Turbo Air Inc 설립

2003년 Turbo REF System Corp 설립

2003년 German Knife Corp 설립

2005년 BFC Investment LLC 설립

2005년 Turbo China Inc 설립

2009년 Premiere Corp 설립

2011년 Texaking Corp 설립

진심과 진정성의 리더쉽을 담고자

신문사에 몇 번의 기고문을 보낸 인연으로 시작된 글쓰기가 벌써 3년이나 되었습니다. 전문가도 아닌 사람이 고정 칼럼을 격주로 쓴다는 게 결코 가볍진 않습니다. 또한 독자의 관점에 따라 제 글이 너무 이상적이거나 추상적이란 평가를 피할 수 없음도 잘 알고 있습니다. 물론 논증이 약하거나 논리가 비약된 부분이 있음도 모르진 않습니다. 그러나 제 주장들의 이면에는 냉엄한 현실을 헤쳐 온 경험이 함축된 지극히 현실적 상황을 염두에 두고 쓴 글임을 말씀 드립니다.

30년 전 아무런 준비도 없이 갑작스럽게 도착한 미국 땅에서 저는 사회적 측면의 심각한 장애자 위치에 있었습니다. 가져온 돈이나 영주권도 없었고 영어는 한 마디도 못하는 벙어리나 다름없었기 때문입니다. 성공한 젊은 사업가로 주변의 부러움을 받던 위치에서 고단한 노동자로 바뀐 극단적 환경 변화는 저 자신을 깊게 성찰하는 기회가 되었습니다. 짧지 않은 인고의 시간은 사람에 대한 이해와 세상을 더 넓게 보는 눈을 뜨게 했으며 성공에의 굳은 열망과 함께 다시는 실패하지 않겠다는 강한 열망을 동시에 품는 계기가 되었습니다.

1998년 터보에어를 설립했을 당시 미국 상업용 냉장고업계에 유색인종은 아무도 없었습니다. 그해 5월 시카고 컨벤션센터의 구석진 자리에 냉장고 몇 대를 전시하고 서 있는 우리를 신기한 듯 쳐다보던 백인들의 표정이 지금도 생생합니다. 그렇게 초라한 모습으로 시작한 사업이 짧은 기간내에 업계 2위에 오르는 당당한 기업으로 성장했으며, 그때 신기한 듯 쳐다보던 시선들이 지금은 경이로운 눈빛으로 변해 있습니다.

우리 회사는 9.11사태와 금융 위기 등 심각한 불황 속에서도 한두 해를 제외하곤 매년 두 자리 성장을 지속해 왔으며 1등을 향한 전진은 계속되고 있습니다. 백인들과의 소통 경쟁에서 치명적인 약점을 가진 제가 이를 극복할 수 있었음은 유능하고 헌신적인 직원들이 있기에 가능했던 것입니다. 회사가 필요로 한다면 타주나 외국 어디라도 가족을 이끌고 기꺼이 떠나는 그들의 충성심이 없었다면 이는 절대 불가능한 성취입니다.

미국 13개 거점지역에 지사를 설립하고 텍사스와 중국, 그리고 한국에 공장을 세워 세계 67개 국에 제품을 판매하는 기업으로 도약한 것은 직원들의 열정과 헌신의 결과입니다. 저보다 공부도 많이 하고 능력도 우수한 인재들이 저를 따르는 건 진심과 진정성의 리더쉽이 통했기 때문임을 말씀드립니다. 직원들은 회사를 책임지고 저는 그들을 책임진다는 강한 연대감이 우리 사이에 형성되어 있으며 터보에어의 문화가 되었습니다.

저의 어린 시절은 잿빛으로 뒤덮인 암담함 그 자체였습니다. 광주 시내라고는 하지만 전기도 들어오지 않는 단칸 셋방은 여섯 식구가 지내기에는 너무나 비좁았습니다. 주변 대부분의 또래들은 어린 나이에도 생활 전선에 뛰어들었으며 그나마 중학교라도 진학한 아이는 손에 꼽을 정도였습니다. 추운 겨울 새벽에 삶은 보리쌀로 허기를 달래며 배달할 신문을 픽업하기 위해 4마일 정도를 걸어야 했는데 배정 받은 신문의 무게 또한 만만치 않아서 학교 수업을 마치고 집으로 돌아올 때에는 걷기조차 힘들어 몇 번이나 주저앉아 쉬었습니다. 열네 살 소년이 감당하기엔 벅찬 일상이었지만 당연하게 여겼던 시절입니다.

그렇지만 이때의 책 읽기는 제게 큰 위안이고 희망이었습니다. 책 속에서 접하는 주옥 같은 문장들과 수준 높은 대화들은 세상의 고단함을 잊게 했으며, 시공을 초월한 역사적 위인들과의 만남은 저의 내면세계를 구축하는 초석이 됐습니다. 무엇보다 책 속에선 세상의 신분이나 경계가 없어 마음껏 꿈을 꿀 수 있는 풍부한 상상력을 키울 수 있었습니다. 그렇게 시작된 책 읽기는 지금도 계속되고 있으며 거친 글이나마 쓸 수 있는 밑천이 되었습니다.

칼럼을 시작하면서 몇 가지 원칙을 세웠습니다. 첫째는 잘 쓰려고 노력하지 말자. 둘째는 본론은 최대한 간략하게 언급하고 역사적 사실이나 사회 현상을 일반화해 읽는 재미를 주자. 셋째는 본질을 이해하지 못하거나 체험한 내용이 아니면 쓰지 말자였습니다. 모든 내용은 글의 성격상 권고의 형식을 빌렸지만 그 중심은 저 자신에게 하는 다짐과 충고임을 말씀 드립니다.

부끄러운 수준의 글임에도 독자들로부터 많은 격려를 받았습니다. 칼럼 내용을 정성스럽게 라미네이팅하여 전달해 주신 분이 계셨으며, 어떤 독자는 첫 칼럼부터 발표된 모든 내용을 스크랩해 '영혼을 움직이는 리더쉽' 이라는 제목을 달아 보내주셨습니다.

14년 전 기고문을 읽고 영감을 받아 비즈니스에 적용하고 있다는 사업가를 최근에 만났으며, 식당 입구에 붙어 있는 제 칼럼을 보았다는 지인들의 전화도 여러 번 받았습니다. 물론 이 같은 분에 넘치는 사랑은 제 글이 잘 나서가 아니라 그분들의 겸손함에서 왔음을 잘 알고 있으며 글의 힘과 언론의 중요한 역할에 새삼 놀라고 있습니다.

원고를 정리하면서 제 글속에 진실한 인간관계를 강조하는 부분이 유난히 많음을 알았습니다. 자신의 이익에 따라 쉽게 변하는 오늘날의 인간관계를 보면서 안타까움을 느낄 때가 많았기 때문입니다. 진실한 마음과 상대를 배려하는 겸손은 관계의 시작이자 바탕이어야 합니다. 가끔 나가는 모임에서 경험한 한두 사람의 가볍고 경망스런 처신을 볼 때는 안타까움을 넘어 깊은 연민을 느끼게 됩니다.

본래 심하게 부끄럼을 타는 저의 성격 탓이 크지만 이런 분위기는 저로 하여금 사람 모이는 장소를 더욱 피하게 합니다. 또한 만나면 의례적으로 나누는 돈 버는 얘기보다는 인간의 근원적 물음을 찾는 데 관심을 가졌으면 하는 아쉬움도 있습니다. 나는 어디서 왔는지? 왜 여기에 있는지? 그리고 어디로 가는지? 명확한 답을 얻을 수는 없겠지만 재화의 크기를 비교하기보다는 인생의 넓이와 삶의 가치를 높이는 대화를 더 갖고 싶은 것이 개인적 바람이기 때문입니다.

제가 50살이 됐을 때 작성한 메모를 최근에 발견했습니다. 당시 종합검진 결과 10년은 더 산다는 전제로 쓴 다짐이었습니다. '행복한 삶을 위해 하지 말아야 할 행동' 이란 제목이 붙은 메모에는, 첫째 유명한 사람이 되려고 애쓰지 말자. 둘째 후세에 이름을 남기려 노력하지 말자였습니다. 생각해 보니 제 스스로의 본성을 억제하는 충고와 다짐이었음이 분명합니다. 10년이 지난 지금 그 약속대로 살지 못했음을 고백하지 않을 수 없지만 나름 애를 썼던 스스로에게 감사하며 앞으로 남은 시간은 더욱 노력하며 살기를 희망해 봅니다.

제 인생에는 중요한 세 사람의 여인이 있습니다. 저를 길러주시고 근면과 정직을 실천으로 보여주신 외할머님과 십수 년을 하루 몇 시간씩 저를 위한 기도를 거르지 않으신 어머님, 그리고 뒤에서 조용히 내조하는 제 아내입니다. 이 기회를 빌어 세 여인에게 저의 사랑과 감사를 전합니다. 저는 참 행복한 사람입니다. 서로를 지극히 아껴주는 가족과 고락을 함께하는 동료들, 그리고 어려울 때 기꺼이 손을 내밀어 줄 친구들이 있기 때문입니다.

사랑하는 친구들과 독자 여러분, 그리고 그동안 글을 실어주신 미주 한국일보 관계자 모두에게 깊은 감사를 드리며 모두의 가정에 사랑의 향기가 가득하시기 바랍니다.

2016년 10월

브라이언 김 올림

Contents
차례

Contents
차례

고객은 창조해내야 한다

 1960~70년대 생산자 주도의 시장에서 1980년대부터 급속도로 발달된 생산기술과 전 세계의 실시간 정보공유로 인하여 오늘날 공급은 포화상태에 이르렀다.

 한편 소비자의 욕구는 더욱더 까다로워지고 있어 매년 기업의 파산율은 증가 추세에 있다. 상식적으로 경기가 좋을 때는 기업의 파산율이 줄어야 함에도 경기와 상관없이 기업의 파산은 매년 증가하고 있어 경영자의 큰 고민이 아닐 수 없다. 과거 생산자 주도의 시장에서는 몇 가지 장점으로도 성공할 수 있었지만 오늘날 비즈니스 환경은 한두 가지 잘못된 요소만으로도 망하기에 충분하다. 마치 사람을 살리기 위해선 수만 가지의 약이 필요하지만 죽이는 데는 단 한 가지 약만으로도 충분한 것과 같은 이치다. 이렇듯 치열한 경쟁 속에서 살아남고 나아가 자기 업계의 최고 회사가 되기 위해 경영자 스스로 혁신적 사고의 전환과 혁명적 행동이 필요한 시기다.

혁신이나 혁명적 기업의 의미는 과거의 낡은 틀에서 벗어나 새로운 개념과 시각으로 시장을 관찰해 변화를 선도하는 기업을 의미한다. 이제는 과거의 성공이 미래의 성공을 보장하지 못하며 과거의 영광에 갇혀 있는 기업은 더 이상 발전하지 못하고 사라질 것이다.

한인타운을 보더라도 잘 되던 업소가 하루아침에 소리 없이 무너지는 경우가 자주 발생한다. 나름대로 성공을 거뒀다고 평가받던 비즈니스들이 맥없이 무너지는 이유는 과거의 성공에 갇혀 시장의 변화를 외면한 결과 고객 확보에 실패했기 때문이다.

기업이 존속하기 위해선 가장 우선적으로 해야 할 과제가 새로운 고객의 창조다. 물론 이는 모든 경영자가 익히 알고 있으며 실현을 위

해서 노심초사하며 고군분투하고 있음도 잘 알고 있는 것이다.

21세기 경영의 핵심 전략은 차별화가 될 것이다. 차별화만이 새로운 고객을 창조할 수 있으며 경쟁에서 이길 수 있기 때문이다. 차별화를 크게 2가지로 분류한다면, 첫째는 우위적 차별화(Excellence Difference)이며, 둘째는 컨셉의 차별화(Concept Difference)이다.

첫 번째 차별화는 하드웨어적 차별화로, 예를 들면 386과 펜티엄 컴퓨터와의 차이라고 말할 수 있다. 이는 품질, 가격, 서비스, 위치 등에서 경쟁사보다 우위에 있음을 뜻한다.

두 번째 컨셉의 차별화는 소프트웨어적 차별화로 경쟁사가 따라 하기 어려운 창조적 작업이다. 우리가 같은 사업이라고 생각하고 있는 맥도널드, 버거킹, 인 앤 아웃 같은 패스트 푸드점도 자세히 살펴보면 각자의 특성으로 차별화하고 있음을 엿볼 수 있다.

필자는 햄버거를 별로 좋아하지 않지만 '인 앤 아웃'의 버거는 기다리는 번거로움에도 가끔 먹고 싶다는 생각이 든다. 다름 아닌 경쟁사 햄버거보다 맛이 있기 때문이다. 그들은 맛의 차별화로 새로운 고객을 만들어 전체 햄버거 시장을 넓혀가고 있는 것이다.

새로운 고객 창조는 최고 경영자의 탁월한 통찰력과 소비자의 욕구를 읽을 수 있는 예지력이 요구된다. 무엇보다 시대의 흐름을 관통하는 통찰력과 그것을 소비자에게 전달할 수 있는 마케팅 능력이 필수적이다. 기호식품에 불과했던 커피를 문화로 연결해 새로운 고객 창조에 성공한 스타벅스는 좋은 사례라 생각한다.

이제는 식당이나 편의점 등 모든 업종의 컨셉은 고객 창조에 중요한 부분으로 자리 잡아가고 있다. 상품의 진열부터 인테리어 그리고 고객 서비스 전반에 걸쳐 과감히 낡은 틀은 부수고 새로운 시각으로 바꿔 나가야 할 시기다. 타운에서 사업하는 경영자라면 가까운 장래에 캘리포니아 최대 인종그룹이 될 히스패닉 유치에 더 많은 노력을 기울여야 한다.

우선은 그들의 문화와 취향을 알아야 바른 마케팅 컨셉을 세울 수 있다. 영어보다는 간판에 스패니쉬 표시를 하는 것도 고려해 보길 권한다. 히스패닉이 타운의 주요 인종이며 그들의 시장을 공략하는 것이 멀리 떨어진 백인을 유치하는 것보다 훨씬 현실적이기 때문이다. 식당에 가면 영어 메뉴는 있어도 스패니쉬 메뉴가 없는 것이 안타깝다.

변화나 혁신은 거창하거나 대단하지 않다. 작은 것부터 찬찬히 뜯어보고 생각해 보자. 그리고 시도해 보자. 기업은 차이점이 없으면 존속할 수 없고 특징이 없으면 살아남지 못한다. 앞선 변화만이 새로운 고객을 창조할 수 있으며 우리의 살 길이다.

(2002. 10. 24. LA중앙일보 특별기고)

불경기와 기업인의 자세

지난해 중반 서브프라임 부실문제로 야기된 신용경색으로 인해 지금 미국 경제는 심각한 불경기를 겪고 있다. 불경기란 이론적으로 정의해 놓은 몇 가지 기준이 있지만 간단하게 말하면 돈이 잘 돌지 않는다는 것이다.

그 이유야 여러 가지가 있겠지만 현재의 상황을 보면 돈을 풀어 기업의 원활한 자금 흐름에 도움을 주어야 할 은행들이 자본을 확충하기 위해 오히려 융자를 회수하는 반대 역할을 하는 이유다.

요즘 은행 융자받기가 힘들어졌다고 하소연하는 사람들이 늘어나고 있다. 얼마 전만 해도 융자받는 데 문제가 없었고 과거보다 상황이 나빠진 것도 아닌데 은행의 대출심사가 더 까다로워진 까닭이다.

고객의 성장 없이는 은행의 발전도 없음은 자명한 사실이다. 한인은행들은 무조건 대출심사만 강화할 것이 아니라 고객이 어려울 때 함께 극복하고 발전하는 상생의 지혜를 찾아야 한다고 생각한다. 고객들의 애로사항과 필요한 부분을 알아보고 일관된 잣대로 평가하기보다 고객 개개인의 특수 사정을 배려해 융통성을 발휘하는 커뮤니티 은행의 장점을 살려야 한다. 고객들의 경영에 도움이 될 만한 세미나 등을 개최하여 그들의 사업이 합리적이고 효율적인 경영으로 목표를 달성하도록 도움을 주는 것도 필요한 시점이라 생각된다.

불경기 때 가장 중요한 것은 경영자의 역할이며 모든 결과의 책임은 리더의 몫이다. 실패는 외부의 환경요인이 아닌 자신의 능력이나 준비 부족으로 귀결되기 때문이다. 어려운 때일수록 반드시 극복할 수 있다는 강한 자신감으로 무장하고 능력이 닿으면 과감한 투자도 실행해야 한다.

환경이 어렵다고 사업을 축소하거나 사람을 줄이면 경영은 더 악화될 뿐이다. 매출은 궁극적으로 사람을 통하여 창출된다. 어려울 때일수록 사람을 더 소중히 여기고 필요한 교육을 시켜서 사업발전의 기반으로 삼아야 한다. 직원은 자신이 짊어진 짐이 아니라 회사를 떠받치는 소중한 자원이기 때문이다.

불황은 심리로부터 오는 경향이 더 강하다. 어려운 때일수록 상황을 냉정하게 관찰하고 분석하여 때로는 담담하게 고통을 참고 견디는 여유로움과 배짱도 필요함을 기억하자. 앞으로 소비지출 감소가 심화되면 기업은 시장에서 더욱 치열하게 싸우게 될 것이다.

경쟁이 과열될수록 흔히 쓰는 전략이 가격인하 정책이다. 특히 매출이 부진하거나 경쟁자가 눈엣가시로 여겨질 때 이런 유혹은 더욱 강해진다. 이럴 때 경영자는 현실을 직시하여 필요하다면 경쟁사와도 과감한 협력을 통하여 상생의 길을 모색하는 게 현명한 전략이 될 것이다.

이제 경쟁자를 없애면 편안하게 사업을 할 수 있으리란 단순한 생각은 버려야 한다. 상대를 제거하기 전에 수익 악화로 자신이 먼저 문을 닫을 수도 있고, 어렵게 경쟁자를 없애도 곧바로 더 강력한 경쟁자가 나타나 반대로 목을 조여올 것이 분명하기 때문이다.

기업은 경쟁을 통하여 성장하고 발전한다. 경쟁은 기업의 숙명이다. 입술이 없으면 이가 시리듯 지금 자신의 경쟁사가 입술이 되어 새로운 경쟁자의 진입을 막아주는 것을 인식하라.

과거 최악의 대공황 시기에도 성공한 회사는 많이 있었다. 이 정도의 불경기는 우리의 부족한 부분을 보완하여 더 경쟁력 있는 기업으로 키울 수 있는 좋은 기회로 삼아야 한다. 어려울 때 도망갈 궁리를 하는 사람은 기업을 운영할 자격이 없다. '아무리 어려운 곤경에 처해도 앞으로 나갈 방법을 모색하는 것' 이것이 진정한 기업가 정신이다.

지금부터 생각을 바꾸자. 불경기가 온 것이 아니라 체질을 강화시켜서 성장의 발판을 마련할 절호의 기회가 왔다고….

(2008. 2. 8. 특별기고)

경제학을 비판한다

경제학자 두 사람이 뉴욕 맨해튼 거리를 걷다 그중 한 사람이 100 달러짜리 지폐를 발견하고 "저기 100달러가 떨어져 있네"라고 말했다.

그러자 다른 경제학자가 이렇게 대꾸했다.

"말도 안 되는 소리. 이렇게 많은 사람들이 지나다니는 길거리에 진짜 100달러가 떨어져 있었다면 누군가가 벌써 주워갔겠지. 논리적으로 맞는 소리를 해야지."

이 광경을 지켜보던 청소부가 100달러를 주우며 중얼거렸다.

"별 이상한 놈들 다 보겠네."

웃자고 지어낸 이야기이지만 현실을 도외시한 채 모든 현상을 숫자와 논리로만 해석하려는 경제학의 모순을 꼬집은 것이다.

그렇다면 경제학자들의 전문적 지식과 수백 개 이상의 방정식을 기

초로 한 예측의 정확도는 얼마나 될까? 미연방준비은행, 경제자문위원회, 연방의회 예산청, 경제분석국, 국가경제연구소 등의 기관들이 1976년부터 1995년 사이 8분기 동안 GDP와 인플레이션을 예측하면서 오류를 범한 횟수를 분석한 어느 연구를 보면 이 기간 미국 경제의 중요한 전환점을 제대로 예측하지 못한 경우가 48번 중 46번이나 됐다고 한다. 그 정확도가 동전을 던져서 우연히 맞출 수 있는 확률보다 낮았다는 결론이다.

마크 트웨인은 세상에 세 가지 단계의 거짓말이 있는데 첫 번째는 일반인들이 흔히 하는 보통의 거짓말이요, 그 다음이 새빨간 거짓말, 마지막으로 정부 통계라는 말을 했었다.

당시 통계학의 정확도가 얼마나 형편이 없었는지 짐작이 가지만,

오늘날의 통계도 얼마나 정확한지 의문이 간다. 결과적으로 통계를 기반으로 하는 경제학은 속성상 다양한 답이 나올 수밖에 없는 한계를 부정할 수 없다.

따라서 경제학의 첫 번째 법칙인 '모든 경제학 이론에는 반대 견해를 가진 동등한 학자가 있다'는 전제가 따른다. 두 명의 학자가 정반대의 학설에 검증도 되지 않은 가설로 나란히 노벨 경제학상을 받아도 전혀 이상하지 않은 것도 이런 연유인 것이다. 같은 상황을 보면서 상이한 예측을 내놓는 경제 전문가들, 일반인도 뻔히 전망하는 가까운 미래조차 상반된 목소리를 내는 그들은 정말 바보인 것일까?

세계 금융위기가 본격적으로 시작되던 2008년 UCLA 앤더슨 경제연구소를 비롯한 대부분의 경제학자들이 캘리포니아 경제가 2008년 후반기에 반등할 것이라고 예측했었다.

그로부터 4년이 지난 지금 캘리포니아 경제가 예측대로 반등하고 있는가? 그렇다면 이런 터무니없는 경제 전문가들의 예측을 믿어야 하는가?

그럼에도 불구하고 믿어야 한다고 필자는 대답하고 싶다. 누구의 말을 믿어야 하느냐고 묻는다면, 답답하지만 맞는 예측을 하는 사람을 믿어야 하지 않겠느냐는 우답밖에 할 수 없다. 누가 맞는 예측을 하는지 구분하는 방법은 우선 자신의 견해와 일치하는 사람과 실물경제에 밝으면서 극단적으로 치우치지 않는 학자의 의견을 참고하라고 권하고 싶다.

미국의 신용등급 하락 여파로 지금 전 세계 경제가 몸살을 앓고 있는 가운데 경제 전문가들이 더블딥이 오느냐 마느냐로 팽팽히 맞서고 있는 상황에서 경제의 주체인 개인이나 경영자들은 지금 중요한 판단의 기로에 서 있다.

일기예보가 잘 맞지 않는다고 그냥 무시해 버릴 수 없듯이 경제전망이 맞지 않는다고 무시하는 것보다는, 비가 온다니 우산을 준비해서 외출하는 게 옳지 않을까 하는 생각이다. 만약 비가 오지 않으면 들고 다닌 우산이 번거롭긴 하겠지만, 그래도 준비 없이 나갔다가 낭패를 보는 것보다는 조금 번거롭더라도 만약을 위해 우산을 준비하는 게 현명하기 때문이다.

(2011. 8. 16)

기업과 전략의 중요성

1974년 10월, 지금은 콩고민주공화국으로 바뀐 아프리카 국가 자이레에서 44전승을 거두며 전성기를 구가하던 복싱 선수 조지 포먼과 징집거부로 3년간 공백기를 거치면서 쇠퇴기에 접어든 무하마드 알리의 세계 헤비급 타이틀 매치가 열렸다.

당시 아무도 이길 수 없다던 포먼은 알리에게 2패를 안겨준 두 선수 조 프레이저와 켄 노튼을 상대로 모두 2회 이내에 KO승을 거둬 객관적인 전력에서도 알리를 압도해 그의 승리를 의심하는 사람은 아무도 없었다.

그러나 전문가들의 예상과는 달리 1회전에 잠깐 날카로운 펀치를 날리던 알리는 2회부터 5회까지 로프에 기댄 채 포먼의 공격을 피하며 버티다 8회를 들어서면서 비로소 서 있기도 힘들어하는 포먼을 한 방에 쓰러뜨려 승리를 거둔다. 복싱 역사상 가장 위대한 경기로 꼽히는 이 결전은 싸움에서 전략이 얼마나 중요한지 우리 모두에게 보여준 일전이었다.

　프랑스와 미국 그리고 중국과의 전쟁을 승리로 이끌며 20세기 최고의 군사 전략가로 꼽히는 월남의 보구엔 지압 장군은 강대국과의 전쟁에서 "1. 적이 원하는 시간에 싸우지 않는다. 2. 적이 원하는 장소에서 싸우지 않는다. 3. 적이 예상하는 방법으로 싸우지 않는다"라는 '삼불전략'으로 전력의 열세를 극복하고 승리를 거뒀다.

　많은 전문가들이 알리가 빠른 발을 이용해 링을 넓게 활용하지 못하고 로프에 몰려 있으면 포먼의 펀치를 피하지 못해 필패할 거라 예상했었다. 그러나 알리는 전문가의 예상을 깨고 로프의 탄력을 활용해 체력소모를 줄임과 동시에 상대의 강펀치를 피하는 전략으로 싸운 것이다.

　포먼이 싸우기 원하는 장소는 링 중앙에서 펀치를 주고받는 난타전임을 간파한 알리는 상대가 원하는 장소에서 원하는 방법으로 싸우지 않고 전혀 예상치 못한 전략으로 맞선 것이다.

　이밖에도 상대의 허를 찌르는 의외의 전략으로 월등한 열세를 극복하고 강한 상대를 굴복시킨 역사적 사례는 무수히 많다.

　뛰어난 전략가인 크라우제비츠는 전쟁에서 목적을 달성하기 위해 전투를 활용하는 것이 전략의 핵심 개념이라고 정의했다. 따라서 전략은 필승을 위한 전쟁 목표를 설정해 언제 어디서 어떻게 싸울지 계획을 짜는 것이다.

　성경에 나오는 다윗과 골리앗의 이야기도 마찬가지다. 다윗은 자신의 장점인 민첩한 움직임에 방해가 되는 갑옷과 투구를 거부하고 불리한 접근전 대신 장기인 돌팔매로 거인을 무너뜨렸다. 상대방이 원하는 방법이 아닌 전혀 예측하지 못한 방법으로 싸웠기 때문에 가능한 승리였다.

객관적 전력에서 상대가 되지 않던 이순신 장군이 일본과의 해전에서 23전승을 거둘 수 있었던 것도 탁월한 전략의 승리였음은 우리가 익히 알고 있는 역사적 사실이다.

흔히들 비즈니스 전략이라 하면 장기적 관점의 큰 그림으로 이해하는 경우가 있는데 이것은 잘못된 생각이다. 크라우제비츠는 전략의 포괄성을 그의 저서 '전쟁론'에서 다음과 같이 설파하였다.

"전략이란 리더가 함께 싸움터에 뛰어들어 현장에서 구체적인 내용을 지시하고 필요하면 수시로 전체 계획을 상황에 따라 수정해야 한다. 싸움터에선 계획을 바꿔야 할 변화가 끊임없이 진행되기 때문이다."

전략이란 추상적 개념이 아닌 당면한 현실을 냉정하게 직시한 최상의 대응 개념임을 설명한 것이다. 이렇듯 기업의 생존과 번영의 필수인 경영 전략을 과연 얼마나 많은 한인기업들이 수립해 실행하는지 궁금해진다.

많은 자영업자들이 사업계획서 작성이나 전략수립은 큰 규모의 회사만 하는 걸로 생각하는 경향이 많은데 이는 오히려 소규모 사업에 꼭 필요한 요소라 생각한다.

필자는 이민 초기 직원도 없이 혼자서 사업을 할 때도 매년 사업계획을 작성하고 전략에 따라 운영하는 원칙을 지켰다. 명확한 전략 없이 사업을 하는 것은 지도 없이 항해하는 것과 다를 바 없다고 생각했었기 때문이다.

완벽한 전략 수립이 아니어도 서투른 사업계획서라도 없는 것보단 낫다. 자신의 기업을 큰 기업으로 성장시키고 싶다면 전략을 세우고 목표에 따라 활동하길 권한다.

(2014. 2. 10)

사업의 성패를 가르는 가격 책정

어느 시대를 막론하고 기업의 첫 번째 목표는 수익을 창출하는 것이다. 그렇다면 수익은 어디서 나오는 것일까? 수익을 창출하는 3대 요소 '원가, 매출, 판가' 중 가장 중요한 수익의 요소는 판가(판매가격)이다. 그런데 문제는 수익 창출에 절대적으로 중요한 요소인 판가를 정하는 데 의외로 많은 기업들이 합리적 산출 방식을 무시하고 경쟁사 대비 방법으로 가격을 결정한다.

주로 사용되는 방식은 경쟁사 대비 몇 % 인하 혹은 원가에 일정한 마진을 더하는 게 보편적 산출 방식이다. 최악의 경우는 공장을 가동하기 위해 공헌 이익이라는 명분으로 노마진이나 적자판매도 서슴지 않는다. 물론 가격을 적게 받고 싶어 하는 경영자는 없을 것이다. 오죽하면 막대한 벌금과 함께 실형까지 살아야 하는 리스크를 안고 가격 담합을 하겠는가. 특별한 기술이나 독점적 지위에 있는 기업이 아닌 이상 시장에는 이미 형성된 가격이 존재하고 같은 상품을 경쟁자보다 높은 가격을 주고 구입할 소비자가 없기 때문일 것이다.

그렇다면 우리가 생각해야 할 과제는 과연 기업이 원하는 수익은 소비자에게 부과한 판가의 크기에서만 나오는 것인가이다. $95의 원가를 들여 $100를 받는 기업은 5%의 수익을 얻지만 $85의 원가로 $95에 판매한 기업은 12% 이익이 발생하므로 판가는 작지만 이익은 더 증가하게 된다. 따라서 경영자는 경쟁사의 가격 정책에 불만을 갖거나 덤핑이라고 비난할 자격이 없음을 명심해야 한다.

이렇듯 판가의 크기를 키우기 위해선 상대적으로 원가의 크기를 줄여야 한다는 것은 누구나 아는 상식이며 기업들이 매일같이 하는 주요 활동의 하나임은 필자도 익히 알고 있다.

그러나 우리가 여기서 다시 한 번 생각해 보고자 하는 것은 원가의 개념이다. 제조업이라면 제품 생산에 들어가는 비용을 원가라고 할 수 있으며, 유통업에선 상품 구입비용이 원가다. 그러나 원가의 개념을 고객에게 상품이 전달될 때까지 총비용이라 생각하면 상황은 달라진다. 예를 들면 $100에 구매한 제품이 팔릴 때까지 차지하는 공간의 발생 비용이나 인건비 등 기타 모든 비용을 월간 상품 판매 대수로 나눠 원가를 산정한다면 원가를 줄이는 다양한 방법이 있을 것이다.

20%의 고객으로부터 매출의 80%가 발생하며, 매출의 80%는 20% 이내 취급 아이템에서 나온다, 라는 20:80룰을 잘 생각해 보면 원가 개선의 핵심 요인이 여기에 숨어 있음을 알게 된다. 저렴한 가격을 무기로 짧은 시간에 시장의 판도를 바꿔놓은 코스코는 제품을 여러 개

로 묶어 파는 번들링으로 성공한 것 같지만, 자세히 들여다보면 오히려 상품의 회전율에 더 집중하고 있음을 알 수 있다. 그 지역에서 잘 팔리는 제품으로만 진열하고 일정 수준의 회전율에 미치지 못하는 상품은 다음날로 진열대에서 사라지는 것은 일상적 일과다.

경쟁업체인 서킷시티의 폐업으로 한참 잘 나가다 요즘 심각한 위기를 맞고 있는 베스트바이의 실적 하락은 인터넷 업체들과의 경쟁에서 발생하는 마진율 감소가 원인이라고 전문가들은 분석하지만 필자는 동의하지 않는다.

베스트바이 매장을 갈 때마다 느끼는 것은 첫째 이렇게 큰 매장이 꼭 필요한가? 둘째 이렇게 비싼 장소에 있어야 하는가? 셋째 이 많은 진열 상품들의 회전율은 얼마나 될까? 여기에 미국내 매장수 1,400 개를 곱하면 등골이 오싹함을 느끼면서 곧 무너질 것 같은 위기감이 몰려온다. 매장당 월 $9,000만 절약해도 연간 1억 5천만 달러라는 수익을 더 올릴 수 있다는 계산이 나오기 때문이다.

이 사례에서 보듯이 원가에 미치는 영향은 구입가격보다 판매를 위한 운영비용이 더 크게 작용함을 알 수 있다. 베스트바이는 실적 만회를 위해 작년 말 가격을 대폭 인하한 세일을 한 결과 판매 대수는 늘었으나 매출 하락과 수익성 악화를 피하지 못했다.

초라한 성적표에 실망한 주식시장에선 불과 며칠 사이 30% 주가 폭락으로 화답했다. 이는 매출 증대와 시장점유율 확대를 금과옥조로 삼고 있는 기업인들에게 수익률 향상을 전제로 하지 않는 매출 증가는 큰 의미가 없다는 시장의 경고라 생각한다.

금융위기로 문 닫을 위기에 몰렸던 GM의 새로운 경영진은 제일 먼저 매출 1위 기업의 위치를 포기하고 수익 위주의 기업으로 전환했다. 차량 구입시 고객에게 제공하던 각종 인센티브를 줄이는 방법으로 값을 18% 올린 결과 매출은 7% 줄었지만 이익은 328%나 늘었다.

2008년 금융위기가 닥치자 미국 상업용 냉장고 제조업계는 매출 하락을 우려해 너도 나도 판가를 내렸다. 그러나 터보에어는 소비자들의 실정에 맞는 이코노미 제품을 개발 생산하는 동시에 기존 제품의 판가를 대폭 인상했다. 가격 인상에 우려의 목소리도 없진 않았으나 결과는 대성공을 거뒀다.

판가를 인하한 회사는 매출 하락과 실적 악화에 따라 문을 닫거나 서비스 부실로 지금도 고전하고 있지만, 터보에어는 금융위기 5년간 시장점유율 확대에 이은 공장 설립과 증설 등 기록적 사세 확장과 탄탄한 수익 구조의 기초를 다졌다. 이는 곧 짧은 기간에 업계 2위의 회사로 부상하는 계기가 되었으며 수익률 위주의 경영이 옳았음을 증명하는 것이다.

독일 포르세 자동차 회장을 역임했던 벤델린 비더킹은 매출 확대를 우선하는 CEO들의 행태를 한탄하며 다음과 같이 말했다.

"크기가 중요한 게 아니다. 기업의 장기적 성공은 시장점유율보다 수익률에 더 크게 좌우된다."

매출 확대를 지상과제로 삼는 경영자들이 깊게 새겨야 할 충고가 아닐 수 없다.

(2014. 2. 24)

매일 혁신하라

요즘 TV드라마 '정도전'이 한창 인기를 끌고 있다. 조선 개국의 일등공신인 정도전과 고려말 충신으로 추앙받는 정몽주는 고려의 정치 제도를 바꿔 백성들을 잘 살게 해야 한다는 공통 목표가 있었다.

정몽주는 점진적인 개혁을 주장했지만 정도전은 순간에 모든 체제를 바꾸는 혁명을 추구한다. 성과를 얻는 데 개혁보다는 기존의 체제를 뒤엎는 혁명이 훨씬 빠르고 효과적이라고 정도전은 믿고 있었기 때문이다.

세계사를 뒤바꾼 4대 혁명인 영국의 청교도 혁명, 프랑스 혁명, 러시아 혁명, 미국의 독립혁명을 비롯한 역사에 수록된 수많은 혁명의 공통점은 지배자의 통치에 항거하는 민중의 봉기였다는 점이다.

시간이 흐르면 민심도 변하고 세상도 바뀐다. 누구도 막을 수 없는 도도한 변화의 물결에 순응하면서 권력자가 꾸준한 개혁을 실시했다면 극단적 혁명은 없었을지 모른다. 그래서 개혁은 혁명보다 더 어려운 것이 아닐까 싶은 생각이 든다.

기업에서 혁신이라는 개념을 도입한 후 이를 본격적으로 적용한 사람은 잭 웰치이다. 그가 GE 회장으로 취임한 1981년부터 본격적으로 혁신의 개념을 경영에 적용했다. 정치적 용어로 많이 쓰이는 개혁과 기업에서 사용하는 혁신은 한자어로는 다르게 쓰이지만 영어로는 똑같이 'Innovation'으로 표기한다.

1999년 '포춘' 지에 의해서 20세기 최고의 경영자로 선정된 잭 웰치는 혁신의 아이콘으로 불리지만 그의 혁신은 사실 혁명에 더 가까운 것이었다. 회장에 취임한 그는 5년간 무려 11만 명을 해고시키는 무자비한 감원을 실시해 중성자탄 잭이라는 별명까지 얻었으며, 업계 1

브라이언 김 경영칼럼 · **영혼을 움직이는 리더십**

~2등에 들지 못하거나 향후 들어갈 가능성이 없는 사업은 모두 정리하는 혁신을 단행했다. 이런 혁명적 구조조정을 통해 재임중 시가 총액을 40배로 키워 주주들을 갑부로 만들어 줌으로써 자신을 향한 비난을 모두 잠재워 버렸다.

그렇다면 GE 전임 CEO들 모두가 바보이거나 무능력하지도 않았을 텐데 왜 그런 혁신을 하지 못했었을까, 의문이 든다. 1980년대 세계 최대의 제조기업으로 대부분의 분야에서 세계시장을 석권하고 있었던 GE는 시간이 흐르면서 상대적으로 조직 운영이나 관리가 느슨해졌다. 조직 전체에 소위 말하는 지방이 많이 끼었지만 고통스러운 구조조정의 칼을 잭 웰치처럼 과감히 휘두를 용기 있는 CEO가 없지 않았을까 짐작해 본다.

사람도 많이 먹고 운동을 적게 하면 자신도 모르는 사이에 Fat이 끼고 일정 수준이 지나면 컨트롤이 어렵게 되어 필사의 각오로 살을 빼지 않으면 결국은 수술대에 누워 의사의 손에 자신의 운명을 맡겨야 한다. 기업도 마찬가지로 조금씩 보이지 않는 느슨함으로 결국은 몸집이 비대해져 효율이 떨어지면 경쟁에서 도태되어 죽든가 살기 위해선 고통스런 수술을 감내하지 않으면 안 된다.

지금 잘 나가는 한국의 모든 대기업들도 1997년 외환위기 때 존폐의 기로에서 대규모 구조조정(혁명)으로 회생했음을 우리 모두는 잘 알고 있다. 수많은 직장인들이 하루아침에 실업자가 되어 거리를 헤매는 비극의 책임은 최고 경영자에게 있지만 실상은 애꿎은 종업원들만 희생을 당한다. 그 기업들이 지금은 당시보다 적은 인원으로 몇 배의 매출을 더 올리고 있음은 경영진 모두가 뼈저리게 반성해야 할 부분이다. 기업의 구성원 모두는 고통스러운 대규모 구조조정을 미연에 방지하기 위해 혁신을 일상화 하지 않으면 안 된다.

투자의 귀재로 불리는 워렌 버핏은 "오늘부터 비용을 절감하겠다는 말은 지금부터 숨쉬기를 시작하겠다는 뜻과 다름없다"고 말했다. 다른 말로 표현하면 매일 혁신하지 않으면 죽은 목숨과 다름없다는 뜻이다.

말이 거창해서 그렇지 사실 혁신이란 특별한 것도 아니다. 항상 시장의 변화를 주시하고 어제보다 더 효율적인 경영을 끊임없이 추구하는 것이 기업이 할 수 있는 최상의 혁신인 것이다.

(2014. 3. 10)

여건을 탓하지 말라

"전하, 지금 신에게는 아직 열두 척의 전선이 남아있사오니 죽을 각오로 싸운다면 적을 물리칠 희망이 있사옵니다. 임진년 이래로 적이 감히 충청, 전라로 직접 돌격하지 못한 것은 우리 수군이 그 길을 막았기 때문이었나이다. 지금 만일 수군을 폐한다면 적은 곧 이를 기회로 서해를 경유해 한강(도성)에 이를 것이니 이는 신이 가장 두려워하는 바입니다. 비록 전선의 수가 적으나 미천한 신이 살아있는 한 적은 감히 우리를 업신여기지 못할 것이옵니다."

육군 장수인 원균이 지휘한 조선 수군은 칠천량해전에서 적의 기습 공격으로 2만 병사의 대부분과 우리 수군의 자랑이었던 거북선 3척을 포함한 90% 이상의 함선을 잃었다. 단 한 번의 패배로 수군은 재기불능 상태에 빠졌으며 지휘관 원균도 적에게 살해되었다.

다급해진 조정에서 이순신 장군을 삼도수군통제사로 재임명은 하였지만 남아있는 전력으로는 바다에서 적을 막기엔 불가능했다.

이에 선조는 이순신 장군에게 바다를 포기하고 육지에서 방어할 것을 명령했지만 장군께서 바다에서 싸울 수 있도록 해달라는 장계를 올린 것이다. 지금처럼 첨단 무기를 갖춘 전투함도 아니고, 고작 배의 일부를 파손시키는 수준의 대포와 노를 저어 운항하는 목조선이었다. 그야말로 숫자가 절대 전력일 수밖에 없는 상황에서 12척의 함선으로 500여 척의 적을 상대로 싸운다는 건 자살 행위나 다름없었다.

경영 여건이 빠르게 바뀌는 요즘 완벽한 조건을 갖춘 회사는 없겠지만 규모가 작은 사업일수록 불리해지는 상황이 되고 있다. 갈수록 치열해지는 경쟁 속에 무겁게 짓누르는 노동법과 날로 까다로워지는 정부 규제들, 거기에 더하여 지속적으로 오르는 보험을 비롯한 각종 비용 증가는 경영자들의 어깨를 더욱 무겁게 만든다.

이를 증명이라도 하듯 지난 5년간 미국내 3만 개가 넘는 식당들이 문을 닫았으며 이것은 결코 식당업계에만 국한된 상황이 아니라는 점이 걱정스럽다. 이처럼 부정적으로 보이는 작금의 상황도 필자의 개인적 관점에서는 이 변화의 시기를 매우 긍정적이고 희망적으로 본다.

성공한 회사와 실패한 기업의 사례를 보면, 변화의 시기에 기회를 포착해 성공했거나 실기해 실패한 역사라 할 수 있다. 1차 산업혁명 때는 대지주들을 제치고 생산업자들이 신흥 부르주아계급을 형성하여 영국 정치 개혁에 큰 힘을 발휘했으며, 2차 산업혁명 시기에는 철도와 증기기관선을 이용한 운송업에 진출한 기업가들이 당대 최고 부

호의 반열에 올랐기 때문이다.

그러나 한 번 실패가 영원한 실패가 아니듯 성공도 영원히 지속되진 않는다. 속도의 시대로 전환되는 1960년대 초까지 철도회사들은 항공업을 무시했으며, 진공관시대의 강자인 재니스와 RCA는 트랜지스터를 들고 나온 소니를 과소평가했다.

역사에 가정은 없다지만 당시 철도가 가지고 있던 막대한 자금을 활용해 항공업에 진출했었다면…, 세계 최고 수준의 기술력을 가진 미국의 전자업계가 지속적인 투자를 통한 제품개발에 심혈을 기울였다면…, 소니가 1년만 빨리 아날로그 방식을 포기하고 과감하게 디지털 기술을 적용했었더라면…, 막연한 아쉬움이 남는 부분들이다.

그렇다면 왜 그들은 절호의 기회를 날려버린 걸까?

대부분의 기업은 업계 선두가 되면 변화를 바라지 않게 된다. 그리고 과거 성공방식을 금과옥조로 삼는 경향이 강하여 이에 반하는 행동이나 결정을 꺼려하기 때문이다.

사례에서 보듯 크다고 모두 강하거나 완전한 조건을 갖춘 것은 결코 아니다. 지금 비록 어렵더라도 포기하지 않고 끝까지 노력하는 사람에겐 오히려 불리한 여건이 성공의 발판이 된다.

우리는 강대국들에 둘러싸인 지리적 여건 때문에 셀 수도 없이 많은 외침을 받으면서 때로는 머리도 조아리고 적에게 무릎을 꿇는 수모도 당했다. 그때마다 우리는 꺾일 듯 쓰러지지 않고 어떻게든 다시 일어선 저력의 민족이다.

제반 여건으로 따져본다면 한국이 세계 10대 경제대국에 드는 건 절대로 불가능한 일이다. 그러나 가진 것이 없었어도 여건을 탓하지 않았고 포기할 줄 모르는 도전과 개척의 정신으로 세계를 놀라게 한 한강의 기적을 이룬 것이다. 이는 결코 우연한 결과가 아닌 강인하고 유능한 우리 민족의 유전자 덕분이다.

우수한 우리의 잠재력에 비해 주류 사회에서 성공한 한인기업이 아직은 많지 않아 아쉽다. 큰물에 고기도 많은 법, 여건이 어렵고 힘들수록 주류 시장으로 진출할 것을 적극 권장한다.

"신에게는 아직 12척의 전선이 남아 있습니다."

이순신 장군의 절규가 나를 자리에서 벌떡 일으켜 세운다. 앞으로 나가자!

(2014. 3. 24)

비관적 낙관론자가 살아남는다

"끝까지 견디지 못하고 죽은 사람들은 누구였습니까?"

"아, 그건 간단하지요. 낙관주의자들이었습니다."

월남전에서 포로가 된 미군 중 최고위 계급이었던 짐 스탁데일 장군이 경영학의 대가로 이름을 떨치고 있는 짐 콜린스와 인터뷰에서 밝힌 답변이다.

그는 악명 높은 하노이 힐턴 수용소에서 미군 포로들의 부당한 대우에 투쟁하면서 8년간의 모진 고문을 견뎌내고 생환했다. 일반의 예상과 달리 의외의 대답인 그의 설명을 더 들어보자.

"낙관주의자들은 크리스마스까진 나갈 거야, 하고 기다리지만 크리스마스가 오고 또 갑니다. 그러면 그들은 다시 부활절까지는 나가게 될 거야, 기대하다 다음에는 추수 감사절, 그리고 다시 크리스마스를 기다리다 실망한 나머지 상심해 죽는 사람들이 많았습니다. 이건 매우 중요한 교훈입니다. 결국에는 성공할 거라는 확신, 결단코 실패할 리 없다는 믿음을 갖되 그것이 무엇이든 눈앞에 닥친 현실 속의 가장 냉혹한 사실을 직시하는 규율들과 결코 혼동해서는 안 됩니다. 크리스마스까지 나가지 못할 수 있다는 엄연한 현실을 인정하고 마음에 대비를 한 사람들이 살아남았습니다."

주위를 돌아보면 지금 우리는 온통 긍정의 바다에 빠져 있다 해도 과언이 아닐 정도로 낙관의 힘을 강조하는 출판물과 인터뷰 기사 등이 물결을 이룬다. 어려운 환경일수록 희망을 주는 메시지는 사람들에게 더욱 달콤한 음성으로 다가오기 때문일 것이다.

그러나 기업은 치열한 경쟁을 통해 생존하는 냉혹한 현실 속에 존재한다. 큰 기대를 가지고 시작했던 프로젝트가 실패해 위기에 봉착할 가능성도 있고, 믿었던 고객이 등을 돌리는 돌발 상황으로 차질이 생기는 경우도 적지 않다. 자신은 아무런 잘못이 없음에도 억울한 소송을 당하거나 질이 나쁜 고객을 만나 마음고생을 하게 되면 내일이라도 당장 사업을 접고 싶은 충동도 들 것이다.

특히 요즘처럼 SNS가 일반화 된 환경에서 악의적 의도를 가진 소비자가 인터넷에 일방적 비방을 하면, 그동안 성실히 쌓아온 신용과 평판을 훼손당하는 경우도 발생한다. 거기다 익명의 가면 뒤에서 가학을 즐기는 새디스즘적 악플러들의 집단적 무차별 인신공격까지 받으면 심약한 사람은 극단적 생각까지 들게 하는 게 요즘의 현실이다.

지구상 전체 에너지의 양은 일정하다는 에너지 총량 불변의 법칙이 있듯이 비즈니스나 개인도 운수 총량의 법칙이 있다. 환경에 따라 다소 차이는 있겠으나 위에 열거했던 문제들은 어느 업체도 피할 수 없는 게 요즘 현실이다. 억울한 일을 당했을 때 까맣게 타들어 가는 마음은 자신의 건강도 해치고 의욕과 자신감까지 상실케 하여 결과적으로 실패를 가져다 줄 뿐이다. 따라서 피할 수 없는 문제들이라면 기꺼이 즐기겠다는 전향적 자세로 맞서야 한다.

삼성 이건희 회장은 취임 후 지금까지 끊임없이 회사가 위기에 직면해 있음을 강조하면서 임직원 모두 긴장할 것을 요구하고 있다. 빌 게이츠는 마이크로 소프트 회장 시절 인터뷰에서 3년 후 자기 회사가 어떻게 될지 장담할 수 없다는 비관적 얘기를 했었다. 인텔의 앤드류 그로브 또한 "걱정파가 살아남는다. 현재의 성공 뒤에 어떤 위협이 있는지 끊임없이 주시하는 태도를 가져야 한다"고 강조했다. 도요타 자동차는 상시 위기 경영으로 유명한 회사다. 심지어 사상 최대의 실적을 올렸던 해에도 위기에 대비해야 한다며 직원들 급료를 동결하고 보너스도 전년보다 적게 지급했었다.

누가 봐도 절대로 무너질 것 같지 않은 업계 최고의 회사를 경영하는 CEO들의 발언치고는 조금 과장됐거나 약간의 엄살기가 있다는 생각도 들 것이다. 혹자는 직원들 급료는 인색하게 지급하고 일은 많이 시키기 위한 꼼수라고 평가 절하하기도 하지만 필자는 그 말에 동의하지 않는다. 현재의 성공에 자만하지 않고 끊임없이 대비하는 위기의식이 그들을 업계 일등으로 성장시키고 오랜 기간 그 자리를 굳건하게 지키는 요소 중 하나임은 부인하기 어렵다.

드라마 정도전을 보던 중 다음과 같은 의미 있는 대사를 들었다.

"천하를 다스리는 자는 한 사람을 잘 다스리면 된다. 그 한 사람은 바로 자신이다."

그렇다. 내가 무너지면 모든 게 넘어진다. 경영자가 되려면 외부로부터 충격을 이겨낼 자신의 마음을 먼저 무장해야 한다. 남의 판단에 자기의 기분이 좌우되지 않고 자신만의 고유함을 유지하겠다는 배짱도 길러야 한다. 반드시 성공할 거라는 긍정적 확신과 함께 어려움도 대비하는 이성적 낙관주의 사고는 경영자가 가져야 할 중요한 마음가짐이다.

바람에 흔들리지 않고 자라는 나무는 없다. 긍정적 상황에서 비관적 요소를 찾아내 대비하고 비관적 환경 속에서도 희망의 불빛을 보는 게 진정한 경영자의 자세다.

(2014. 4. 7)

영혼을 움직이는 리더쉽

1910년 봄, 작은 잠수정 한 척이 훈련 중 히로시마 인근 바다에 침몰하는 사고가 발생했다. 가와사키 조선소에서 제작한 이 잠수정은 배 이름도 따로 없었고 그냥 6호 잠수정이라 불렸다. 잠수함이 만들어지지 않았던 시절 일본이 잠수함 개발에 필요한 시험 훈련 중 발생한 사고였다.

사쿠마 쓰토무 해군 대위 지휘 아래 13명의 승조원이 타고 있던 6호 잠수정은 훈련 나흘째 되던 날 잠항을 시작하자 곧바로 해치를 통해 바닷물이 흘러들어 승조원들의 필사적인 노력에도 불구하고 16미터 해저로 가라앉고 말았다.

침몰 이틀 후 사고 조사를 위해 인양된 잠수정의 해치를 열었던 조사반장 요시카와 중령의 입에서 탄식이 터져 나오더니 이내 통곡으로 변했다. 사쿠마 정장의 시신은 사령탑에, 기관 담당 중위는 전동기 옆에, 조타병과 공기수 등 승조원 모두가 죽음을 맞이하는 순간까지 각자의 위치를 지키고 있었기 때문이다.

당시는 미국과 유럽 등 여러 나라에서 잠수함 개발에 심혈을 기울이던 때였으며 엉성한 설계와 기기의 작동 불량으로 사고가 자주 발생했었다.

그때마다 잠수정 내부의 모습은 모든 승조원들이 유일한 출구인 해치 쪽으로 몰려가 뒤엉켜 죽어 있는 처참한 모습들이었다.

더욱 놀라운 것은 사쿠마 대위의 주머니에서 발견된 깨알같이 적혀 있는 자필 메모였다. 극한 상황에서 기록을 남긴 것도 그렇지만 산소가 희박해져 가는 고통 속에서도 자세한 사고 경위와 시간대별로 신체적 변화까지 기록해 놓는 초인적 책임감에 놀라지 않을 수 없다.

훗날 잠수함 개발의 자료로 삼기 위한 그의 초인적 행동은 우리에게 깊은 경외와 감동을 준다. 그것뿐만이 아니다.

메이지 일왕에게 남긴 메모에는, "소관의 부주의로 폐하의 잠수정을 침몰시키고 부하들을 죽게 하여 죄송합니다. 바라건대 이번 사고로 인하여 잠수함 개발 진행에 지장이 없도록 부탁드립니다. 그렇게 된다면 우리의 죽음은 조금의 유감도 없습니다."

그리고 마지막으로 다음과 같은 짤막한 유서를 남겼다.

"감히 폐하께 말씀 올림, 제 부하의 유족들이 곤궁해지지 않도록 배려해 주시기를, 제 염두에는 오직 이것밖에 없음."

갓 서른 살 젊은 장교의 행동이라기엔 믿을 수 없을 만큼 완벽하고 훌륭한 리더쉽에 숙연한 마음이 든다.

어느 조직이든 리더의 역량에 따라 강한 조직도 되고, 사분오열로 흩어져 지리멸렬하게 실패하는 조직도 된다. 전후 일본이 패전을 딛고 세계시장을 석권하며 두 번째 경제대국이 된 바탕에는 부하들의 마음을 얻는 리더쉽을 갖춘 기업 경영자들이 많았기 때문일 것이다.

며칠 전 뉴스를 통해 GM 경영자인 메리 바라의 의회 청문회 모습을 잠깐 봤다. 사소한 부품 결함을 10년씩이나 방치해 13명의 사상자를 내게 한 이유를 따져 묻는 의원들의 질문에 메리 바라는 "나도 이유를 모르겠다"라고 답했다. 그야말로 보통의 이웃집 주부의 답변보다 못하다는 생각이 들었다.

마치 자기는 당시 CEO가 아니어서 책임이 없으며 이번 문제는 자신과 상관없는 GM이라는 회사의 문제다, 라는 답변처럼 들렸기 때문이다. 대당 57센트의 부품 값을 절약하기 위해 10년 동안이나 문제를 감추다 사상자를 내게 했다면 그런 부도덕한 회사가 만든 자동차를 앞으로 누가 사겠는가?

나는 GM이 최소한 그런 회사라고는 생각지 않는다.

자동차 사고에는 많은 개연성이 있어 혹 부품 결함이 원인이 됐더라도 사실을 규명하는 게 쉽지는 않았을 것이다. 비슷한 사고가 자주 발생해 조사를 시작해도 GM처럼 복잡한 의사결정 과정을 거치는 회사에게는 시간이 많이 걸린다.

따라서 당시 경영자가 아니어서 책임이 없다는 자기 방어보다는 피해자들에 대한 사과와 부품 값 몇 센트를 아끼기 위해 희생자를 낸 부도덕한 GM이 결코 아니라는 적극적인 해명에 노력을 기울였어야 했

다고 믿는다.

　선박의 결함으로 배가 침몰하는 순간에도 모든 책임을 자신에게 돌리고 자신보다는 끝까지 부하들 가족의 안위를 걱정하는 리더와 자신의 책임을 회피하는 리더쉽의 차이는 오늘의 GM과 도요타가 처한 각상황이 잘 대변해 준다.

　힘으로 이끄는 리더는 직원들의 손을 움직이게 하지만 마음을 얻는 리더는 부하들의 영혼을 움직인다. 경쟁이 치열해질수록 부하들의 마음을 얻지 못하는 경영자는 실패할 가능성이 높아진다. 조직에 대한 애정과 희생이 없는 미국식 리더쉽에 황혼이 깃든다.

(2014. 4. 21)

정신이 육체를 지배하게 하라

2001년 9월 11일 민간 항공기를 납치한 알카에다 조직원들의 테러 공격으로 월드 트레이드 센터 두 건물은 화염에 휩싸여 무너져 내렸고, 3,500명 이상의 무고한 시민들이 희생당했다. 구조를 위해 출동했던 343명의 뉴욕 소방관을 비롯한 37명의 항만 경찰국 요원, 23명의 뉴욕 경찰관과 8명의 응급의료 전문가들이 구조 활동 중 소중한 목숨을 잃었다.

가장 많은 희생자를 낸 뉴욕 소방국 순직 소방관들의 명단을 보면 소방국 수장인 국장을 비롯한 최고위 간부 5명과 10명의 지역 소방서장이 순직했고, 그 외에도 간부들의 이름이 유난히 많이 들어있음을 알 수 있다.

모두들 살기 위해 필사적으로 건물을 탈출하는 절체절명의 상황에서, 화염에 휩싸여 무너져 내리는 건물 속으로 한 순간의 주저함도 없이 줄지어 뛰어들던 소방대원들의 장엄한 모습은 아직도 미국인들의 가슴에 선명하게 새겨져 있다.

411명의 아까운 공무원들의 희생으로 얼마나 많은 시민을 구출했는지 정확한 통계가 없어 알 수는 없으나 짐작컨대 그 수는 그리 많지 않으리라 여겨진다. 이는 경제적 논리로 본다면 분명 어리석다 말할 수 있을지 모른다. 그러나 우리는 여기서 국가란 무엇인가? 국가에 있어 국민은 어떤 존재인가, 라는 깊은 물음과 함께 미국이 왜 초강대국인지를 알게 해 준다.

세월호가 침몰하는 사고가 있던 날 필자는 한국에 출장중이었다. 배가 기울고 완전히 가라앉을 때까지 2시간여가 지나는 동안 구조를 위해 배안으로 들어가는 사람은 아무도 없었다. 선장과 선원들은 300명이 넘는 승객들을 침몰중인 선박에 내버려둔 채 자신들만 빠져나와 뻔뻔스럽게 구조선에 올랐음을 나중에 언론 보도를 통해 알게 되었다.

선박의 가장 아래층에 있었던 기관사들이 빠져나와 모두 생존할 수 있었음은 승객들 전부를 구출할 시간이 충분했음의 반증이다. 더욱 실망스런 것은 사건 초기 현장에 출동했던 해경들 중 누구 하나 용감하게 선박으로 뛰어들어가 승객들의 탈출을 유도하거나 한 사람이라도 구출하기 위해 필사적으로 노력하는 사람이 없었다는 것이다.

여객선이 침몰했다는 사실보다 희생자들을 구조하기에 충분한 2시간여의 시간적 여유가 있었음에도 단 한 명의 승객도 구조하지 못했다는 현실이 우리를 부끄럽게 만든다.

9.11테러 공격을 당했던 미국에서는 구조할 가능성이 희박함에도 소방관들이 목숨을 걸고 사지로 뛰어들었고, 한국에서 발생한 세월호 침몰사고는 인명 피해를 줄일 수 있는 충분한 시간적 여유가 있었음에도 구조관련 공무원들이 몸만 사리다 선내에 갇힌 단 한 명의 승객도 구조하지 못하는 부끄러운 역사를 남기게 됐다.

무엇이 이런 결과를 가져오게 하는 걸까?

첫째는 지휘관의 무능과 책임의식 결여다. 위급한 상황에서 지휘관의 모범은 무엇보다 중요하다. 뉴욕 소방관 희생자들 중 유독 계급이 높은 사람들이 많은 건 위험한 지역엔 지휘관이 먼저 들어가고 가장 나중에 나온다는(first in, last out) 미국의 규칙과 전통 때문이다.

둘째는 지속적인 훈련이다. 대다수의 보통사람들은 위급한 상황에 처했을 때 육체적 본능으로 위험을 피하게 된다. 그래서 특수한 업무를 수행하는 전문가들은 '정신이 육체를 지배하도록' 끊임없이 훈련하지 않으면 안 된다. 아무리 훌륭한 대응 매뉴얼을 갖추고 있어도 위급시 본능적으로 행동하면 아무 소용이 없기 때문이다.

평소 훈련과 교육이 얼마나 중요한지, 얼마 전 샌프란시스코 공항에 착륙하다 사고를 낸 아시아나항공 승무원들이 보여줬던 용감하고 책임 있는 행동이 이를 증명하지 않는가.

대부분 역사적 참사는 비상식적일 만큼 사소한 원인으로 발생하는 경우가 많았다. 이번 사고도 정상적인 복원력을 갖고 있는 선박이라면 도저히 일어날 수 없는 일이다. 선박의 크기에 비해 속도가 빠르지 않아 설계상 최대치 급선회를 시도해도 뒤집어지는 건 이론상 불가능하기 때문이다.

앞으로 조사를 진행하면 더 정확한 사고 원인이 밝혀지겠지만 평소에 무시하고 간과했던 작은 실수들이 누적돼 돌이킬 수 없는 참사를 불러왔을 가능성이 크다.

이번 사고를 계기로 경영자들에게 다시 한 번 주변을 면밀히 돌아보고 안전에 관한 경계심을 더욱 높여주기를 간구하면서, 사고로 희생된 분들의 영면을 삼가 기원한다.

(2014. 5. 5)

해답이 우선이다

1905년 천재 물리학자 아인슈타인은 질량과 에너지는 같다는 특수 상대성이론을 발표했다. 질량과 에너지 관계 공식 $E = mc^2$를 기반으로 핵폭탄이 개발됐음은 우리 모두가 잘 알고 있는 상식이다. 방사성 물질인 우라늄의 분열 전 질량과 분열 후 방사선이 방출되면서 줄어든 미세한 질량의 차이로 생성된 에너지를 $E=mc^2$ 공식으로 산출할 수 있으며, 이 공식을 적용하면 어느 곳에서 누가 계산을 하여도 같은 답을 얻는다. 이렇듯 수학과 과학계에선 미세한 오차도 허용하지 않음으로써 정답 이외는 오답으로 모든 게 분명하다.

비즈니스 세계에도 성공의 방정식이 있으면 좋겠지만 그런 공식은 존재하지 않는다. 같은 상품과 서비스도 각 상황과 상대에 따라 다른 답이 필요하기 때문이다. 지금처럼 복잡한 사회에선 동일한 상품에 같은 가격과 서비스를 제공해도 만족하는 고객과 불평하는 고객으로 나뉜다.

따라서 많은 투자와 노력을 들인 자사 제품이 품질과 디자인 등 모든 부분에서 경쟁사보다 우위에 있다고 확신하지만 판매는 기대에 미치지 못하는 경우가 흔히 있다.

그렇다면 왜 이런 현상이 발생하는 것일까.

첫째는 이 정도면 경쟁자를 충분히 압도하고도 남는다는 지나친 자기 관점의 사고를 갖기 때문이다. 경영자가 긍정적 사고를 하는 것은 바람직하지만 과도한 자신감으로 잘못된 판단을 내릴 수 있음을 경계해야 한다. 아무리 귀한 재료를 사용한 고급 요리를 준비했어도 상대가 이미 식사를 했거나 싫어하는 음식이라면 별 가치가 없다. 이렇듯 고객의 상황과 철학 그리고 습관은 제품 구입에서 중요한 요소로 작

용한다. 따라서 판매자는 소비자가 상품을 선택할 때 철저히 자신의 주관적 가치 판단에 따르는 심리를 이해하지 않으면 안 된다.

둘째는 지나친 전문가적 사고로 평가의 기준을 삼기 때문이다. 자동차나 전자제품 회사들이 출시한 신제품 중 새로운 기술을 적용한 상품이 판매부진으로 실패하는 경우도 많이 있다. 전문가 입장에선 많은 시간과 자금을 투자하여 개발한 자사 제품이 경쟁사 대비 우위에 있다고 믿지만 그 기술적 차이를 이해하는 소비자는 그리 많지 않은 게 현실이기 때문이다.

반면에 특별한 상품이 아닐지라도 소비자의 감성을 터치하는 마케팅으로 성공하는 사례도 많이 있다. 이는 많은 소비자들이 특수한 기술이나 개선된 성능보다 자신들을 특별하게 생각해 주는 마케팅에 더 호감을 보였다는 증거이며 이는 경영자들이 놓쳐선 안 될 것이 무엇인지를 대변해 주는 것이다.

현대 교육의 핵심은 이성과 논리로 모든 사물을 판단할 수 있음을 기반으로 한다. 그러나 소비자, 즉 인간에게 결코 이성과 논리만으로 판단하고 접근한다면 실패할 가능성이 높다. 어떤 논리적 정답을 들이대도 소비자가 고개를 저으면 아무 소용이 없다.

성실한 남편이 원칙에 따라 가정을 이끌어도 불만을 갖고 있는 아내를 흔히 볼 수 있다. 논리적으로 따진다면 원칙을 지킨 남편의 입장에선 억울한 마음이 들겠지만 대부분의 문제는 아내의 감성을 보듬어 주지 못함에서 기인함을 이해하지 않으면 안 된다. 이런 경우 아내가 느끼는 감정을 논리나 이성으로 설득시켜 바꾸려 한다면 오히려 문제만 악화시키는 결과를 가져다 줄 뿐이다.

세상이 변하고 유행이 오감에 따라 사람들의 행동양식도 다르게 나타나지만 존중받고 싶어 하는 인간의 본능은 바뀌지 않는다. 논리와 이성이 원칙이라면 감성은 유연성이다. 소비자가 원하는 건 자신의 상황에 맞는 해답이지 기업이 주장하는 정답이 아니다.

어느 경우라도 기업이 지켜야 할 기본 원칙은 고객 만족이며 이는 정해진 답이 없다. 오직 해답은 고객에 대한 따뜻한 배려와 존중임을 기억하자.

(2014. 5. 19)

겸손하고 또 겸손하라

흑인 운전자를 체포하는 과정에서 무자비하게 구타한 백인 경찰관들이 법원으로부터 가벼운 처분을 선고 받자 흥분한 사우스 센트럴 흑인 주민들이 거리로 뛰쳐나와 백인 트럭 운전자를 끌어내 집단폭행을 가하면서 4.29 폭동이 시작됐다.

한인타운을 포함한 로스앤젤레스 일부지역은 3일 동안 공권력 부재 속에 방치됐으며, 와중에 2,200여 개의 한인 운영업소가 약탈과 방화로 3억 5천만 달러의 막대한 재산 피해를 입었다.

당시 냉동장비 설치와 서비스 사업을 했던 필자의 주요 고객들은 사우스 센트럴 지역에서 리쿼어 스토어나 마켓을 운영하던 교민들이었다. 따라서 한인 업주와 흑인 고객과의 관계를 더 객관적 시각으로 볼 수 있었으며 사람과의 관계는 문화 차이나 언어의 장벽보다 상대를 대하는 태도가 무엇보다 중요한 요소임을 알게 됐다.

당시 사우스 센트럴에서 업소를 운영하던 대부분의 한인들은 자신의 경력과 무관한 마켓과 리쿠어 스토어 사업에 종사하고 있었다. 사전 준비나 장사 경험도 없이 위험한 지역에 뛰어든 그들에게 언어 장벽과 위험한 환경에서 오는 스트레스는 일반의 상상을 초월하는 것이었다. 거기다 물건을 훔쳐 가는 도둑들이 많다 보니 고객이 들어와도 반가운 미소보다는 매서운 감시의 눈초리가 먼저였음도 부인할 수 없는 사실이다.

이런 업주의 태도에 불평하는 흑인들에게 서투른 영어로 일일이 이해시키기도 어려운 입장이라 불평과 항의는 냉소와 무시로 대응하는 게 일반적인 풍경이었다.

그런 가운데도 기억에 남는 몇 분들은 늘 미소를 잃지 않고 친절하게 흑인 고객들을 대했으며 항상 겸손한 자세를 보였다. 고객이 억지를 부리면 늘 이해시키려고 노력했고 돈이 조금 모자라는 사람에겐 따지지 않고 식품을 건네줬다. 아이를 안고 오면 사탕을 손에 쥐어주고 말이 통하지 않아도 오랜만에 온 손님에겐 손짓과 모든 단어를 동원해 식구들의 안부를 묻는 것도 잊지 않았다.

폭동이 발생하여 주변의 가게들이 불타고 약탈당하고 있을 때 이런 업주가 운영하던 대부분의 업소는 주민들이 자발적으로 뛰쳐나와 지켰다.

"여기는 우리 친구 가게야. 불 지르면 안 된다구!"

주민들이 고함을 치면서 폭도들로부터 필사적으로 업소를 지켜줬다. 이런 무법천지의 중심에서 흑인 주민들의 자발적 경계로 무사할 수 있었던 대부분의 업소들이 평소 겸손하고 친절한 업주들이었음은 우리에게 시사하는 바 큰 교훈을 주기에 충분하다.

필자가 초등학교 시절을 보냈던 섬마을에 외손주 한 명을 키우며 사시던 일본인 할머니가 있었다. 약간의 농사를 지으며 바다에서 김과 미역을 채취하여 파는 것이 주요 경제 수단인 섬에서 토지와 어업권 그리고 노동력은 생존의 기본이며 필수였다. 그러나 다리가 불편하고 식구도 없는 할머니에겐 노동력도 전무하고 토지나 어업권 취득이 불가능한 외국인 신분이었다.

할머니는 호구지책으로 동네 사람들을 상대로 가게를 운영하였는데 잠자는 방 한 켠에 사과상자를 책장처럼 올려놓고 약간의 상품을 진열한 구멍가게라고 표현하기에도 민망할 정도로 초라한 수준이었다. 150여 가구가 대대로 터를 잡고 살아온 작은 마을이라 연결지으면 모두 친척뻘 되는 사람들이 모여 사는 동네에 이미 두 곳의 가게가 있었기 때문에 장사도 현실적으로는 불가능한 상황이었다.

그러나 놀랍게도 할머니의 가게에는 늘 팔아야 할 상품이 부족할 정도로 이웃 동네에서까지도 찾아와 성황을 이뤘다. 특별한 상품을 파는 것도 아니고 가격이 싼 것도 아니었지만 다른 점은 할머니께서 항상 상품을 깨끗하게 진열하고 누구에게나 겸손하고 친절하게 대하는 것이었다. 식사 중에도 손님이 찾아오면 불편한 다리임에도 불구하고 반드시 자리에서 일어나 나이와 상관없이 공손히 허리를 굽히며 인사를 하였다.

1945년 8월, 2차대전 패망 이후 해외에 거주하던 자국민들을 본국으로 불러들이는 프로그램으로 일본으로 돌아가시던 날 아침, 할머니는 마지막 용돈을 방바닥에 놓고 중학생이 된 손자에게 가지라고 했다. 그리고 무심히 집어든 손자에게 이렇게 말씀하셨다.

"절대 잊지 마라. 그냥 떨어진 돈을 줍는 데도 허리를 굽히지 않으면 안 된다."

성공하기 위해선 겸손이 기본임을 가르쳐 주신 것이다.

타운 업소를 들르다 보면 값비싼 보석과 장소와 어울리지도 않는 고급 브랜드 옷으로 치장한 주인이 도도한 얼굴로 손님을 힐끔거리며 쳐다보는 경우를 가끔씩 본다. 이런 사람의 속내를 들여다보면 자존감이 낮은 공통적인 특징이 있다.

성장하는 과정에서 수시로 무시를 당했거나 자신감 결핍 때문에 콤플렉스가 많은 사람의 독특한 특성인데 이들은 자신을 과시하고 싶어 하는 경향이 매우 강하다. 즉 자존심이 높은 사람일수록 자존감이 낮은 게 일반적 현상이다.

진정한 겸손은 높은 자존감과 강한 자신감에서 나온다. 고객에게 허리를 굽히는 게 자존심 상하는 것이라 생각한다면 사업을 접으라고 권하고 싶다. 스스로 그만두지 않으면 머지않아 고객들이 문을 닫아 줄 것이기 때문이다.

(2014. 6. 2)

차별을 활용하라

"제게는 특별한 영광의 밤입니다. 솔직히 말씀드리자면 제가 이 자리에 서는 일은 거의 있을 수 없는 일이기 때문입니다."

이렇게 시작한 오바마 상원의원의 2004년 민주당 전당대회 찬조 연설은 "민주당의 미국과 공화당의 미국이 따로 있는 것이 아니라 하나의 미합중국이 있을 뿐이며, 흑인의 미국, 백인의 미국, 라틴계 미국, 아시아계 미국이 따로 있는 게 아니라 오직 하나의 미합중국만이 있을 뿐입니다"를 절정으로 "모닥불에 둘러앉아 자유의 노래를 부르던 노예들의 희망, 머나먼 이국을 향해 출발하던 이민자들의 희망, 열심히 일하면 성공할 수 있다는 노동자들의 희망, 미국은 자신을 위한 나라임을 믿었던 버락이라는 우스꽝스런 이름을 가진 흑인 꼬마의 희망, 그것이 바로 신께서 우리에게 주신 가장 큰 선물이며 이 나라의 토대입니다"로 마무리되는 감동적이고 인상적인 연설이었다.

백인이 똑같은 원고로 연설을 했었다면 그저 정치인의 상투적인 연설이라 흘려들었겠지만 기대하지 않았던 젊은 흑인 의원의 연설은 미국민들을 순식간에 매료시켰다.

그날 밤 행사는 대통령 후보 존 케리를 위한 자리라기보다 오바마 의원이 주인공이 되었으며, 이 한 번의 연설로 초선의 오바마 의원은 전국적 지명도를 가진 정치인으로 급부상했다. 그리고 4년 후, 찬조 연설자로 서는 것도 기적이라 고백했던 오바마 의원은 누구도 예상치 못했던 미국 대통령에 당선되는 영광을 누린다.

자유와 평등은 독립선언문에 명시된 미국의 건국이념이며 누구도 훼손할 수 없는 미국민의 가치이다. 그 후 인간의 존엄성을 기반한 자유와 평등 개념이 오늘날 인류의 보편적 가치로 자리 잡기까지 인권 운동가들의 희생과 미국의 제도 개혁이 크게 공헌해 왔음은 주지의 사실이다.

그러나 이러한 지속적인 노력에도 불구하고 자유와 평등의 땅에서 우리는 보이지 않는 차별과 맞닥뜨리며 살고 있음이 현실이다. 평등과 함께 주어진 자유는 개인에게 부여된 권리이기 때문에 모두에게 주어진 권한보다 우선함으로 컨트롤이 불가능하다. 평등은 법으로 강제할 수 있지만 개인의 권리인 자유는 누구도 침해할 수 없기 때문이다. 상대가 흑인이라서 결혼하지 않겠다고 발언했다면 처벌할 수 없지만 채용하지 않겠다면 문제가 되는 것도 같은 연유다.

차별은 공적인 면에서 법률로 금지하고 있지만 마음 속에 품은 개인의 감정까지 국가가 관리할 수 없어 어느 국가나 보이지 않는 차별은 있기 마련이다. 그래서 보이지는 않지만 존재하는 차별의 벽은 스스로 노력하여 극복하지 않으면 넘을 수 없는 유리벽임을 인정해야 한다.

주류사회 기업들이 소비자들의 기억에서 잊혀지지 않기 위해 광고에 많은 예산을 투입하는 건 어쩌면 그들이 갖는 특별함이 부족해서일지 모른다. 반면에 한국 기업은 상대적으로 적은 비용을 쓰고도 미국 기업보다 더 관심을 받는 건 경쟁상대에 있어 소수이기 때문에 얻는 반사 효과라 할 수 있다.

1980년대 현대자동차가 미국에 진출한다는 소식은 당시 전국적인 뉴스가 됐으며, 이는 막대한 광고비를 투입하지 않고도 현대차를 신속하게 미국에 알리는 홍보효과로 작용했다. 이 또한 기대하지 않았던 후보 선수가 중요한 게임에서 멋진 플레이를 보여주면 단번에 주목받는 것과 마찬가지로 소수이기 때문에 누릴 수 있는 기회가 아니었을까 생각된다.

이런 관점에서 본다면 한국인 회사가 주류 시장에 진출하는 데에는 장애가 아니라 장점이 된다. 피부색이 다르니 고객들이 쉽게 기억할 것이고, 서투른 영어라도 성실하게 상품을 설명하면 그들에게 깊은 인상을 심어줄 수 있다. 무엇보다 말로 소비자를 설득하기보다는 품질과 서비스로 보여주면 고객들은 더 큰 감동을 받는다.

주류 시장을 개척하려면 치밀한 준비와 지치지 않는 끈기가 필수다. 문전박대는 당연한 것이라 생각하고 문을 열어줄 때까지 포기하지 않는 배짱 어린 끈기도 갖춰야 한다.

분명한 것은 자신에게 실력만 있다면 그들이 특별히 주시하고 관심을 갖는다는 것이다. 이는 절반의 성공을 의미하며 소수 인종이기 때문에 누리는 효과가 아닐 수 없다.

　지구상 어느 곳이든 심지어 한국으로 돌아가도 차별은 존재한다. 차별에 좌절하기보다는 오바마 대통령이 그랬던 것처럼 주류와 '다름'을 성공의 에너지로 활용하는 지혜를 발휘할 때다.

(2014. 6. 16)

거래 은행을 깊이 이해하라

바빌로니아의 함무라비법전까지 거슬러 올라갈 만큼 오랜 역사를 자랑하는 은행업은 중세에 이르러 지중해 연안의 여러 나라 사이에 무역업이 발달하면서 각 나라의 돈을 바꿔 주는 환전소를 시작으로 본격화 되었다. 그 후 고객들의 화폐와 금은보석을 안전하게 보관해 주는 금고 역할을 거치며 오늘날의 은행 개념으로 점차 발전했다.

현대적 은행 개념을 본격 도입한 사람은 이탈리아 베네치아의 게토에 살던 한 유태인이었다. 셈에 밝았던 이 유태인은 방카라는 교환소를 열어 당장 필요치 않은 상인들의 금과 은, 화폐 등을 보관해 주고 수수료를 받았다. 그리고 당장은 필요가 없어 맡겨 놓은 재화가 다른 누군가에게는 절실하게 필요함을 간파해 보관중인 돈을 일정기간 빌려주고 더 많은 수익을 얻었다.

언뜻 위험 요소가 클 것 같은 이 사업은 네 가지 전제에 의해 가능했다. 첫째 여러 사람이 맡긴 돈이나 금을 일시에 전부를 찾아가는 경우가 많지 않다. 둘째 전액을 찾더라도 모든 사람이 동시에 찾아가지는 않는다. 셋째 보관중인 자산을 찾아가더라도 그 사이 다른 누군가가 그만큼을 맡긴다. 넷째 리스크가 기회보다 작다.

승수효과와 신용을 기반으로 한 이 사업 모델은 무엇보다 높은 회전율과 안전한 회수율에 성패가 달렸음을 알 수 있는데 이 개념은 수백 년이 지난 오늘날에도 그대로 적용되고 있다.

'날씨가 맑을 때 우산을 빌려주고 비가 오면 우산을 거둬간다.'

사람들이 은행을 비난할 때 흔히 사용하는 이 말은 은행이라는 특수한 사업을 이해하지 못함에서 비롯된 오해다. 일반 비즈니스와 달리 은행업은 작은 마진으로 운영비용을 충당하고 수익을 내야 하는 대표적 'high risk low return' 비즈니스다.

가령 30% 마진을 남기는 사업은 고객이 3년 후 파산을 해도 그동안 수익으로 원가를 커버할 수 있지만, 3%의 적은 마진을 남기는 은행은 대부분의 원금 손실을 감당해야 한다. 이런 대출이 늘어나면 부실로 이어질 건 뻔한 이치이며, 은행의 파산은 사회에 미치는 영향이 매우 커서 리스크 관리에 그만큼 신경을 쓸 수밖에 없다.

다른 사람이 맡겨놓은 예금을 기반으로 대출하는 사업의 특성상 개인 사업임에도 은행은 공적인 요소가 강하다. 설립부터 운영에 이르기까지 정부가 만들어 놓은 까다로운 규정을 지켜야 하고 정기적으로 감독 당국의 깐깐한 감사도 받아야 한다. 심각한 문제가 발견되면 주주나 경영진의 의지와 상관없이 법적 책임과 강제 폐쇄 조치도 당한

다. 따라서 매사에 신중하고 꼼꼼하게 체크하는 건 생존을 위한 은행의 기본 업무다.

이러한 특성을 이해하고 은행의 요구에 적극적으로 협조하는 것이 서로간 불필요한 오해를 없애고 좋은 관계를 유지하는 기초가 된다는 사실을 인식하는 게 은행 활용의 첫 걸음이다.

세상에 존재하는 모든 기업들은 은행 거래가 필수이며, 어떤 회사도 은행의 협력 없이 큰 기업으로 성장하는 것은 불가능하다. 사업에서 얻어진 수익만으로 회사를 키웠다면 오늘날 대기업은 존재하지 않을 것이기 때문이다. 당대든 과거든 성공한 경영자 모두는 한 사람도 예외 없이 은행과 두터운 신뢰 관계를 구축한 사람들이었음은 반드시 참고해야 할 중요한 사실이다.

이렇듯 성공의 요건인 은행과 신뢰를 쌓기 위해서는 우선적으로 지켜야 할 두 가지 필수 요소가 있다.

첫째는 은행과의 약속은 어떤 것이든 철저히 지켜야 한다. 신용을 근간으로 하는 필드에선 사소한 약속이란 결코 존재하지 않기 때문이다.

둘째로 정직은 기본중의 기본이다. 한 때는 은행을 잘 속이는 사업가가 유능한 사업가인 것 같은 나쁜 행태도 있었지만, 그런 사람이 끝까지 성공하는 건 극히 희박한 일이다. 아무리 어렵고 절실해도 은행을 속이는 건 사업 파트너나 주주들을 속이는 것과 다름없는 최악의 행위임을 잊어선 안 된다.

언행이나 다른 사람을 대하는 태도 그리고 사람들의 평판 등 은행업무와 직접적인 관련이 없을 것 같은 소소한 당신의 행동도 노련한 금융인은 놓치지 않고 모니터링한다는 사실도 명심해야 할 부분이다.

대부분의 기업들이 자기 자본의 100% 이상을 은행으로부터 조달해 활용하고 있다. 바꿔 말하면 은행은 기업의 최대 주주이면서 파트너와 다를 게 없다. 고객의 성공 없이 스스로는 성공할 수 없는 사업, 이것이 은행업의 특수성이다. 바꿔 말하면 누구보다 기업의 성공을 간절히 바라는 게 은행이다. 이러한 특성을 잘 이해하고 적극 활용하는 사람에게 보다 큰 성공의 열매가 기다릴 것을 의심치 않는다.

(2014. 6. 30)

유연한 사고를 하라

"지성에서는 헬라인보다 못하고 체력에서는 켈트인이나 게르만인보다 못하다. 기술력은 에루투리아인보다 처지고 경제력에서는 카르타고인보다 뒤떨어지는 것이 로마인이라고 로마인 스스로 인정하고 있었다."

16년 동안 16권의 책으로 로마 500년 역사를 섬세하고 예리한 시각으로 집필해 세계를 놀라게 한 시오노 나나미 여사의 로마인 이야기는 위와 같은 서문으로 시작된다.

이처럼 모든 면에서 능력이 떨어지는 작은 도시국가에 불과했던 로마가 자신들보다 강력한 경쟁 국가들을 차례로 격파하고 대제국을 건설한 로마인들의 지혜는 오늘날 기업경영에 그대로 적용해도 손색이 없을 것 같아 나름 정리해 본다.

첫째 로마인들은 누구에게나 배우기를 주저하지 않았다. 자신들이

야만인이라고 경멸하던 삼니움족과의 전투에서 번번이 패한 원인이, 그들이 사용하는 창의 우수함에 있었음을 발견하고 오랫동안 사용하던 로마군의 창을 바꿔 다음 전투를 승리로 이끌었다. 이렇게 로마인들은 적들의 무기와 전술 등 무엇이든지 자신들보다 우수한 것은 적극 배우고 받아들이는 데 망설임이 없었다. 그 결과 전성기 로마군의 주력무기 대부분은 적들의 무기를 새롭게 개선한 것들이 많았다.

둘째 이와 같이 배우고 습득한 지식은 모두 매뉴얼로 정리해서 다음 세대에게 물려주었다. 심지어 야영텐트 하나 치는 것까지 체계화하고 적과의 전투에서 패하더라도 최소한의 피해를 입도록 지침서를 만들어 사용했다. 따라서 로마군 교범대로 싸우면 어지간한 능력의 지휘관이라도 어떤 경우든 최소한 전멸은 피할 수 있었다. 그리고 이 지침서는 새로운 전술이나 무기가 개발될 때마다 생생한 현장의 경험과 이론을 바탕으로 끊임없이 업데이트 되었고 즉시로 모든 전투에 적용하였다.

셋째 실패를 용인하는 관용이 있었다. 고대국가 중 로마는 전투에서 패한 지휘관을 처벌하지 않는 유일한 국가였다. 전장에서는 아귀처럼 싸웠지만 항복한 적장은 비겁하지 않는 한 살려줬고 유능한 사람이라 판단되면 로마군 지휘관으로 등용하는 개방성과 관대함이 있었다. 이는 오랜 세월의 노력과 나름대로의 시행착오를 거치면서 실패도 소중한 자산임을 인정한 그들의 합리적 사고를 반영한 것이다. 그리고 같은 실패를 되풀이하지 않도록 하는 것이 경험이고 이는 국가의 영속성에 중요한 요소임을 로마인들은 알고 있었던 것이다.

넷째 국가를 체계적으로 운영하기 위한 시스템을 구축하였다. 귀족정치와 왕족정치로 일관했던 경쟁국들과 달리 모든 시민에게 관직을 개방했다. 신분에 상관없이 실력만으로 인재를 발탁해 능력을 발휘하도록 했으며 식민지 국민에게도 똑같은 기회를 주었다. 세상에 완벽한 능력을 갖춘 사람은 없으며 아무리 탁월한 사람이라도 영원히 존재할 수 없음은 불변의 진리다.

따라서 한 명의 뛰어난 리더에 의존하는 조직의 위험성을 간파한 로마인들은 인재를 두텁게 배치했다. 이는 통수권자의 유고 등 국가적 위급한 상황에서도 흔들림 없이 체제가 유지되도록 시스템을 구축한 것이다.

유연한 사고를 하라

앞서 언급한 것들을 가능케 한 그들의 개방정신은 '유연한 사고'로부터 왔음은 의심의 여지가 없다. 지금처럼 변화가 빠른 시대에는 어제의 성공 방식이 오늘로 이어지지 않으며, 지금의 성공적인 전략도 내일을 보장하지 못한다. 따라서 각 조직은 끊임없이 기존 업무를 개선하려는 노력을 하지 않는다면 반드시 그 대가를 치르게 될 것이다.

또한 리더는 자신이 계획했던 프로젝트라도 진행 중 오류가 발견되거나 환경이 바뀌면 과감한 수정이나 폐기도 서슴지 않는 유연성을 가져야 한다. 많은 사람들이 일관성의 중요함을 강조하지만 경영에서 일관성이란 오직 성공을 위한 행동 그 한 가지 밖에 없음을 명심해야 한다.

일관성이 하드웨어라면 유연성은 그것을 구동시키는 소프트웨어다. 따라서 유연한 사고가 결여된 일관성은 자신의 체면을 세우기 위한 명분일 뿐 실패로 가는 고속도로임을 잊어선 안 된다.

(2014. 7. 14)

실패를 두려워하라

성공한 사람들의 인터뷰 기사나 자서전을 읽어보면 공통적인 성공 비결로 실패를 두려워하지 않았다는 내용 일색이다. 물론 실패를 두려워하지 않고 도전을 했었기에 오늘의 성공이 있음은 이견의 여지가 없다.

그러나 오늘도 수백 개의 크고 작은 기업들이 실패의 멍에를 짊어지고 문을 닫고 있음도 간과할 수 없는 엄연한 사실이다. 그들도 한때는 다른 사람의 부러움을 받았던 성공한 사업가들이었음은 우리들에게 많은 것을 시사한다.

한 사람의 실패는 그 개인으로 끝나지만 기업을 경영하는 리더의 실패는 자신뿐 아니라 관련된 많은 사람들과 크게는 업계나 사회에도 나쁜 영향을 미치게 된다. 따라서 기업인이 실패를 극도로 경계해야 함은 아무리 강조해도 지나치지 않다. 더욱이 지금처럼 업종간 경계도 모호하고 국가간 FTA 체결로 국경도 허물어진 치열한 글로벌 경쟁시대에서는 한 번의 실패로 재기 불능에 빠질 가능성이 높기 때문이다. 따라서 성공하겠다는 열망이 크다면 더 큰 실패는 하지 않겠다는 강한 의지를 갖춰야 한다.

실패하는 경영자들의 첫 번째 특성은 자신의 능력을 과대평가하거나 매사를 지나치게 낙관적으로 생각하는 경향이 있다. 몇 번의 작은 성공을 연속으로 하다 보면 성공 과정의 냉철한 분석이나 객관적 평가에 앞서 스스로 뛰어난 경영자라 생각하거나 자신을 특별한 행운의 사나이라 믿게 된다. 이렇듯 우연과 필연의 냉정한 성찰을 생략한 결과는 무슨 일이든 자신이 하면 반드시 성공할 거라는 과도한 자신감으로 이어진다. 이런 자신감은 무리한 확장이나 알지도 못하는 분야로 사업 영역을 넓히면서 대부분 실패하는 경우가 많다.

두 번째 특성으로 새로운 사업에 도전하는 사업가들의 설명을 들어보면 은연중 경쟁사나 경쟁자를 과소평가하는 경향이 강하다. 물론 신규로 시장에 진입하는 후발주자로서 경쟁사의 약점을 파악해 승산이 있다고 판단할 수 있다. 그러나 정보의 정확도나 객관성이 떨어지는 경우가 많음도 사실이다. 더욱 큰 오류는 실제로 눈에 보이는 자료보다 중요한 기업 조직의 경쟁력이나 경영자 개인의 능력을 간과하는 것이다.

회사의 핵심 경쟁력은 보통 보이지 않는 곳에 있음으로 외부에서 완벽하게 파악하기는 불가능하다. 회사를 떠나 같은 업종을 창업하는 직원들의 성공률이 낮거나 근무하던 회사보다 더 크지 못한 원인도 살펴보면 자신보다 능력이 떨어진다고 판단한 오너의 머릿속 능력을 과소평가한 필연적 결과일 뿐이다.

셋째로 위기와 기회의 경계를 확실하게 정의하지 못함이 실패를 부른다. 기업은 일상적으로 고객을 확보하기 위한 아이디어를 내고 신제품 개발과 신규시장 진입을 위한 프로젝트를 진행한다. 모두 성공하면 좋겠지만 실패하는 경우도 자주 발생하게 되므로 자사에 적합한 위기와 기회의 경계를 명확히 설정해 프로젝트 실행 여부를 판단해야 한다.

예를 든다면 100만 달러의 자본을 가지고 있는 A사가 B프로젝트에 투자했을 때 예상하는 이익은 투자대비 10배의 1,000만 달러인데 성공 가능성이 90%라면 이것은 A사의 기회인가? 위기일까? 생각에 따

라 차이는 있겠으나 필자는 분명 위기라 정의한다. 도박을 업으로 하는 회사가 아닌 바에야 10% 실패의 가능성이 결코 낮은 것도 아니고 한 번의 실패로 회사는 도산을 하기 때문이다. 그러나 자본이 300만 달러 이상인 C사가 이 프로젝트를 진행한다면 이것은 분명 C사의 좋은 기회가 된다.

이렇듯 같은 상황에서도 자신의 능력과 환경에 따라 기회가 위기도 되고 반대의 경우로 바뀌는 게 자본주의 현실임을 냉정하게 직시해 능력에 맞는 선택을 하지 않으면 실패하기 십상이다.

기업은 하루도 도전을 멈출 수 없고 중단해서도 안 된다. 그러나 준비가 부족하거나 자신의 능력을 넘어선 싸움은 대부분 실패를 불러온다는 사실을 기억하라. 실패의 나락으로 떨어져 본 경험이 없는 사람은 그 쓴잔의 고통을 이해하지 못한다.

따라서 도전도 능히 감당할 수준에서 시도하는 게 옳다. 성공하겠다는 열망이 크다면 그 이상 실패하지 않겠다는 강한 의지도 동시에 요구되는 시대다. 실패를 두려워하라.

(2014. 7. 28)

슈퍼 갑과는 싸우지 말라

1975년 4월 9일 새벽 4시 30분부터 서대문 교도소에서는 8명의 사형 집행이 30분 간격으로 전격 실시되었다. 이들은 정부 권력기관에 의해 조작된 인혁당 사건의 주범으로 누명을 쓰고 대법원 확정 판결을 받은 지 불과 18시간 만에 전격적으로 형 집행이 이뤄진 것이다.

전 세계에 충격을 던진 이 사형 집행은 국제법학자협회가 세계 사법사상 첫 공식적인 사법 살인으로 규정했다. 그리고 스위스에 본부를 둔 국제법학자협회가 이날을 기억하기 위해 '사법 암흑의 날'로 선포하여 사법부로선 씻을 수 없는 오욕의 날이 되었다.

자신들이 보호 받아야 할 국가 공권력에 의해 억울한 죽음을 당한 그들에게는 이승에서의 마지막 담배 한 개피만 피우게 해달라는 작은 청마저도 받아들여지지 않았으니 얼마나 큰 한을 품고 세상을 떠났을지 짐작이 간다.

한 사형수는 마지막 유언에서 "이 더럽고 야만스런 정권은 오래 가지 못한다. 반드시 망하고 말 것이다"라며 절규했다. 그의 절규대로 그 정권은 몇 년 후에 비참한 말로를 맞이했지만 한 번 잃어버린 그들의 소중한 목숨을 되찾을 수 있는 방법은 없었다.

얼마 전 청해진해운의 실소유주로 알려진 유병언 회장이 비참한 주검으로 발견되었다. 100일 이상 모든 매스컴의 집중보도 대상이 되었던 단일사건은 세계적으로도 유례가 없는 일이다. 희생자 가족들에겐 매우 죄송한 소리지만 세월호 사고로 가장 억울한 피해를 입었다고 느끼는 사람들은 유병언 회장을 비롯한 그 주변 사람들이 아닐까 생각된다.

논리적으로 따진다면 그들은 대한민국 법률이 정한 규정 내에서 사업에 투자를 해 왔다. 또한 사고 회사인 청해진해운은 그동안 적자를 내면서도 일자리 창출과 기간산업이라 할 수 있는 교통망 제공으로 국민들의 편의를 도모해 왔음도 사실이다. 그러다 예상치 못한 사고로 선박을 잃었고 당연히 도움을 받아야 할 해경의 무능으로 승객들을 구조하지 못했다. 선박에서 사고가 발생해 비상사태에 들어가면서 포괄적 구조 책임은 해경에 있었지만 승객들을 죽음으로 몰고 간 모든 책임은 선원들과 주주가 덮어쓴 것이다.

동서고금을 통틀어 어느 정권이든 그들의 첫 번째 목표는 자신들의 권력 유지를 우선으로 한다. 바로 이런 이유 때문에 국가를 위해서라는 논리를 면죄부 삼아 정권 유지에 필요하다는 전제로 그들은 인혁당 사건처럼 조작하고 처형하는 극단적 행동도 서슴지 않는다. 어느 조직이든 집단으로 저지른 폭력은 개인적 양심에 가책을 느끼지 않는 특성이 있다. 인혁당 사건 조작에 가담했던 많은 관련자들이 훈포장을 받았으며 사형을 선고하고 확정한 법관들 중 누구 하나 자신의 과오를 사죄하지 않았음이 이를 증명하고 있다.

　세월호 사고 역시 6.4전국동시지방선거가 얼마 남지 않은 상황에서 정부의 무능함을 질타하는 국민들의 목소리에 위기감을 느낀 정부가 어쩌면 단순한 해상사고를 정략적으로 몰고 갔다는 생각을 지울 수가 없다. 피고인의 유죄 확정은 물론 기소도 되기 전에 대통령이 나서서 유병언을 흉악범으로 규정했다. 국가 권력기관은 한 발 앞서 법원의 판결도 없이 그 일가의 재산을 동결하고 환수에 나섰으니 법은 명시적으로 존재할 뿐 유병언과 관계인들에게는 추상 같은 권력으로부터 공포만 느꼈을 것이다.

머리가 절반쯤 빈 야당의 무능 탓도 있었겠지만 집권당의 대승은 국민들로부터 쏟아진 비난의 화살을 유병언과 구원파로 돌린 정부 여당의 전략이 주효했기 때문이다. 이런 결과가 가능했던 건 인혁당은 국가 전복을 기도하는 반국가단체로, 세월호 사고는 종교와 회사를 혼합하여 파렴치한 사이비단체로 규정해 정부 조직과 대결 구도화시켰기 때문인 것이다.

결과론적이지만 유병언 회장은 그릇이 작았다. 도망칠 일이 아니라 사즉필생(死卽必生)의 자세로 유족들에게 성심껏 보상하고 재판을 통해 시시비비를 가리고자 했다면 모두에게 유익했을 것이다. 몇 번의 옥살이를 경험한 그가 절대 권력하의 사법체계를 신뢰하긴 어려웠겠지만 국가의 틀인 법률체계를 회피하는 건 공권력에 도전하는 것으로 비쳐질 공산이 크다.

기업은 국가의 지붕 아래 있음을 인식하고 권력은 유한하지만 회사는 공화국과 운명을 같이 해야 한다는 각오를 가져야 한다. 아무리 억울해도 기업인은 갑중의 갑인 살아 있는 권력과 맞서 싸우면 안 된다. 진실은 밝혀진다는 신념으로 참아내는 게 기업인의 바른 자세라 생각한다.

(2014. 8. 11)

핵심 고객을 확장하라

수익성을 동반한 성장의 욕구는 수백 년간 이어온 기업의 원초적 본능이다. 어느 기업이든 지속 성장에 실패하고도 우수한 기업으로 남아있는 사례는 없다. 따라서 주변 여건에 흔들리지 않고 꾸준한 성장을 이룩하는 건 모든 경영자의 숙제가 아닐까 생각한다.

기업이 시장적응기와 성장기를 거쳐 완숙기에 접어들면 매출이 둔화되고 수익도 한계점을 지나 더 이상의 지속 성장은 불가능에 가깝다. 따라서 대부분의 기업들은 이를 극복하기 위한 방법으로 핵심 사업의 영역을 넓히거나 주변 사업으로 진출을 모색한다.

자본이 충분한 기업은 경쟁회사를 인수하거나 합병을 통한 손쉬운 성장이 가능하지만 사정이 여의치 못한 중소기업에겐 쉽지 않은 일이다. 결과적으로 자사의 핵심 고객 확장에 집중하는 마케팅은 소규모 기업이 우선적으로 수행해야 하는 최선의 전략인 것이다.

기업의 고객별 매출 기여도를 분석해 보면, 15% 이내의 핵심 고객이 60% 정도의 매출에 기여한다. 다음은 25%의 우수 고객들이 매출의 30%를, 그리고 나머지 60%의 고객들이 10%의 매출을 채우는 것이 일반적인 경우다.

　　따라서 제한된 재원을 보유한 중소기업은 모든 고객들에게 똑같은 노력과 비용을 들이는 것보다 30%에 해당하는 우수 고객들에게 집중하여 핵심 고객으로 이동시키는 것이 효율 높은 마케팅인 것이다. 결국 30%에 해당하는 우수 고객 중에서 전환 가능성이 높은 핵심 고객을 선별하여 맞춤형 마케팅으로 접근하는 것이 좋은 결과를 가져다준다고 하겠다.

　　떠나간 고객 중에는 자사에 특별한 불만이 없어도 본인의 사정으로 이용하지 않는 경우도 있지만 뭔가 구체적인 불만이 있어 떠나는 경우가 대부분이다. 대체적 불만 사항은 사소한 것들에서 비롯되는 경우가 많으며, 그들의 공통적 특징은 주변 사람들에게 불만 사항을 더욱 과장해 퍼뜨린다는 것이다.

　　그러므로 기업의 입장에선 떠나간 고객이라고 포기하지 말고 꾸준히 컨택하여 이미지 개선을 위한 지속적인 노력을 기울이는 것이 매우 중요하다. 이런 성의에 감동받아 다시 돌아온 고객은 과거보다 더욱 충성도가 높은 핵심 고객으로 바뀐다는 사실은 필자가 오랜 경험에서 얻은 결론이기도 하다.

　　기업이 나무라면 고객은 보이지 않는 뿌리와 같다. 여러 갈래의 뿌리는 땅속 깊이 뻗어내려 나무를 지탱하고 양분을 공급해 준다. 줄기

와 가지는 휘어지면 바로잡고 다듬을 수 있지만 보이지 않는 뿌리는 잎이 시들고 나무가 죽어갈 때서야 문제가 생겼음을 자각하게 된다. 열심히 물을 주고 때 맞춰 거름도 뿌렸지만 이 같은 상황이 발생하면 당황할 수밖에 없을 것이다. 이런 경우 주변의 토양이 바뀌고 있음을 간과했거나 주변 환경 변화를 외면한 안일한 방법으로 관리해 오지 않았는지 깊은 성찰이 필요하다.

　과거 시대에는 고객 전체를 일괄 관리해도 풍성한 수확을 거둘 수 있었지만 현시대에서는 사정이 매우 다르다. 공급 과잉으로 선택의 폭이 넓어진 소비자의 욕구는 더욱 까다로워지고 제품에 대한 기대치는 점점 높아만 간다. 돈은 적게 지출하면서 더 많은 서비스를 기대하는 합리적 이중성을 보이는 것도 이 시대 소비자의 대표적인 특징인 것이다.

이런 환경 속에서 기업이 지속 성장을 하기 위해선 한 뿌리 한 뿌리에 맞는 토양을 배양하는 세심한 노력과 정성이 수반되지 않으면 소비자의 마음을 얻기 어렵다. 시간의 흐름 속에 변하지 않는 건 없다지만 지금 이 순간에도 흔들리는 게 고객들의 마음이다. 그들의 마음을 바뀌게 할 것인가, 변하게 할 것인가는 전적으로 경영자와 그 조직의 몫이다.

김치 속의 미생물이 유산균으로 번식하면 맛있고 건강에 유익한 음식이 되지만 부패균으로 번식해서 김치가 상하면 모두를 버려야 한다. 고객이 변해서 떠나는 기업은 실패하고 반대로 돌아오는 고객이 많으면 성공하는 건 당연한 이치다. 이러한 이치를 깨닫고 실천한 경영자에겐 지금 같은 변화의 시기가 오히려 기회가 될 수 있다.

산토끼를 잡기 위해 온 산을 헤매다 집토끼를 잃는 우를 범하지 말고 집토끼부터 살찌우는 것을 우선하라.

(2014. 8. 11)

공급자는 중요한 파트너다

우리에게 첫 번째 책임은 고객 만족에 달렸다. 그들에 의해 우리의 미래가 결정되며 성공과 실패를 평가 받는다. 따라서 회사의 궁극적 목표는 고객들에게 최상의 제품을 합리적인 가격에 공급하는 것이다. 이를 위해 품질 향상과 비용 절감에 꾸준한 노력을 기울이고 거래하는 모든 당사자는 공정한 이익을 얻도록 협조해야 한다. 다국적 제약 회사인 존슨앤존슨이 1943년 제정한 행동강령에 깊은 감동을 받은 필자가 회사를 창업하면서 도입한 경영목표의 첫 번째 규정이다.

무엇보다 인상적인 부분은 첫 번째 책임인 고객 만족을 위해선 자사와 거래하는 모든 당사자도 공정한 이윤을 얻어야 한다는 부분이었다. 여기서 언급한 거래 당사자는 자사 상품을 판매하는 업체는 물론 재료나 상품을 공급하는 벤더를 포함한다.

전문 분야별 분업화가 일반적인 시스템 속에서 외부 공급자의 협력

없이는 효율적 경영이 불가능한 세상이 됐다. 앞으로 전문적 분업화는 더 다양해지고 기업의 외부 의존도는 더욱 높아질 전망이다. 최소한 유통업의 80~90%, 제조업 50~65% 매출을 공급자에 의존하는 현실을 감안하면 경쟁력의 중요한 요소가 여기에 있음을 간과해선 안된다.

따라서 구매부서의 역할은 그 어느 때보다 중요한 위치를 차지하고 있는 게 현실이다. 해당 분야의 탁월한 전문성을 갖춘 정예요원으로 배치해야 자본 효율성을 높이고 수익률 저하를 가져오는 장기 재고를 막을 수 있기 때문이다.

이윤은 판매가와 공급가의 스프레이드 크기에서 나온다. 기업은 이익을 더 얻기 위한 수단으로 구매 활동의 대부분을 구매가 줄이는 데

초점을 맞춰 업무를 추진할 수밖에 없는 이유일 것이다. 그러나 공급자 중에는 자사와 비슷한 규모도 있고 아주 적거나 훨씬 큰 규모의 회사도 있을 것이다. 문제는 절감활동의 대부분이 자사보다 규모가 작은 업체를 대상으로 이뤄지고 있음이다.

바잉 파워를 무기로 가격을 낮추면 벤더는 이를 만회하기 위해 무리한 절감활동을 할 수밖에 없고 이는 향후 품질 문제를 야기할 위험이 도사리고 있다. 백 만 대가 넘는 대규모 리콜 사태를 가져온 GM이나 수십 만 대를 리콜하는 기타 자동차 회사들의 사례에서 보듯 원가 절감 목적으로 공급자를 무리하게 압박하는 게 얼마나 위험한 일인지 좋은 사례가 아닌가 생각된다.

기업의 존폐를 걸고 경쟁하는 여건을 감안하면 이런 부분 이해를 못하는 건 아니다. 그러나 원가 절감을 통해 기업이 얻고자 하는 궁극적 목표를 분명히 해 지금 몇 센트 절약하고 향후 수천 배의 비용을 들이는 우를 범하지는 말아야 한다.

원가 절감을 위한 벤더의 협력을 구할 때는 구매자가 먼저 최선을 다해 노력하는 모습을 보여야 한다. 자사의 직원들에겐 높은 급료와 베넷핏 제공을 유지하면서 경쟁력 상실을 공급자에게만 전가시키면 언젠가 부메랑으로 돌아올 것은 자명한 이치다.

또한 가격이 싸다고 기존의 거래선을 바꾸기에 앞서 품질이나 서비스에서 기존 거래처와 차이점은 무엇인지 새 벤더가 지금 제시한 가격으로 향후 지속적인 서비스 제공이 가능한지도 철저히 검토해 결정해야 한다. 어쩔 수 없이 거래처를 옮기는 경우도 기존 벤더에게 최소한의 대비가 가능한 시간을 주고 이해를 구하는 것이 중요하다.

그러나 무엇보다 우선할 것은 기존의 공급자가 지속적으로 경쟁력 있는 제품을 공급할 수 있도록 평소 협력관계 유지가 중요하다. 정기적으로 회의를 개최하여 현안과 협력방안 그리고 양사간 고충을 듣고 해결하면서 신뢰를 쌓아나가야 한다. 대부분 자사의 공급자가 경쟁사의 거래처인 경우도 많음으로 정기적 만남을 통해 친분 관계를 돈독히 하다 보면 경쟁사 동향 등 다른 중요한 사업 정보를 얻는 기회도 된다.

마케팅은 비즈니스의 중요한 영역으로 오랫동안 많은 전문가를 양성해 왔지만 구매 분야는 전문가를 찾기가 어려운 게 현실이다. 그러나 구매에 실패하고 마케팅에 성공할 수 없음을 전제한다면 능력 있고 충성심이 강한 정예요원을 양성해 구매에 배치하는 게 중요하다. 그리고 공급자를 갑과 을의 관계가 아닌 파트너로 존중하면서 긴밀한 협력을 얻어야 성공 가능성이 더욱 높아짐을 잊지 말자.

(2014. 8. 25)

기칠운삼 시대다

"총명하고 성실했던 선비가 평생 동안 도전한 과거시험에서 자신은 번번이 낙방하고 자신보다 실력이 떨어지는 건 물론 별반 노력도 하지 않은 다른 사람들이 버젓이 급제하는 것을 보고 옥황상제에게 그 이유를 따져 물었다. 옥황상제는 정의의 신과 운명의 신에게 술 마시기 내기를 시켜 정의의 신이 많이 마시면 선비가 옳은 것이고, 운명의 신이 많이 마시면 세상사 이치가 그러하니 선비가 인정해야 한다는 다짐을 받았다. 결과는 정의의 신은 석 잔, 운명의 신은 입곱 잔을 마셔 운명의 신이 이겼다. 옥황상제는 세상사 모두 정의에 따라 행해지는 것이 아니라 운명에 의해 결정되지만 3할의 이치도 행함이 없으면 운명 또한 바뀌니 운만이 모든 것을 지배하는 것도 아니라고 충고했다."

중국 문학의 걸작으로 꼽히는 포송령의 〈요재지이(聊齋志異)〉

(1766)에 실린 내용이다.

이렇게 유래된 '운7기3'은 삼성그룹 창업주 이병철 회장께서 사업은 운이 7할이고 능력은 3할이라는 말을 자주함으로써 한국민에게 일반화 됐다. 이는 식민지 국민으로 태어나 2차대전과 6.25전쟁 그리고 군사쿠데타 등 격변의 시기를 거치면서 자신의 능력이나 의지와는 상관없이 외부 환경의 변화에 따라 사업의 성패가 결정되는 상황을 여러 차례 체험한 당사자의 경험적 결과에서 오는 철학이 아닐까 싶다. 동시에 사업의 성공은 자신의 능력이 아닌 신의 가호가 있었기 때문에 가능했다는 겸손함의 표현도 포함하고 있는 것이다.

흔히 예상치 않았던 의외의 좋은 결과가 나왔을 때 우리는 운이 좋았다라고 한다. 3년간 전교 일등을 차지한 수험생이 원하는 대학에 합격하면 당연한 결과로 간주하지만, 일등은 떨어지고 중위권 학생이 합격하면 한 사람은 운이 없다고 표현하고 한 사람은 운이 좋았다고 말한다.

따라서 자신의 노력과 능력으로 성공한 사람에게 운이 좋은 사람이란 표현은 경우에 따라서는 상대의 능력을 과소평가하는 실례가 될 수도 있다. 한인사업가들을 만나 얘기를 나누다 보면 아무개는 운이 억세게 좋은 사람, 혹은 누가 대박 났다는 표현을 자주 듣지만 그 사람의 능력이 뛰어나다는 말은 많이 듣지 못했다. 이런 현상은 그 심리 속에 상대의 실력을 인정하고 싶지 않은 의지가 작용하기 때문이 아닐까 생각해 본다.

스타벅스 창업자인 하워드 슐츠는 언론과의 인터뷰에서 햇빛은 스타벅스 매장에만 비춘다는 뼈있는 대답을 한 적이 있다. 태양이 개인을 차별하지 않듯 기회는 공평하게 주어졌다는 의미 있는 항변으로 자신의 성공을 폄하하는 사람들에게 불편한 심기를 드러낸 것이다.

개인의 일생이나 사업의 성패에 운이 어느 정도 작용함은 부인하기 어려운 것도 사실이다. 그러나 한두 번도 아니고 꾸준히 행운이 따를 수 없는 것도 세상사 이치다. 따라서 다른 사람의 성공을 모두 운으로 치부해 버리면 실력 있는 경영자로부터 배울 수 있는 기회를 잃게 된다. 뿐만 아니라 자신도 노력보다는 혹시, 하는 요행을 바라다 실패할 가능성이 높아질 것은 자명한 이치다.

지금은 이병철 회장이 살았던 시대와는 완전히 다르다. 사업을 하면서 다른 사람의 부당한 간섭이나 정부의 눈치를 볼 필요도 없다. 누구든지 능력과 노력한 만큼의 보상을 받을 수 있도록 법률과 제도가 잘 갖춰진 사회에 살고 있어 이젠 운도 스스로 개척하고 개발하는 시대가 된 것이다.

벤처기업으로 성공한 안철수 의원은 '운이란 꾸준한 준비와 기회가 만나는 것' 이라고 정의했다. 100% 수긍이 가는 말이다. 경험상 굳이 한 가지 덧붙인다면 운이란 사람과의 좋은 인연의 결과가 아닐까 싶다. 어려울 때 도움을 받거나 중요한 시점에서 필요한 조언 한 마디는 한 사람의 성패를 좌우하는 확실한 요소가 되기 때문이다.

스타벅스를 창업할 때 투자에 참여했던 사람들의 대부분은 슐츠 회장의 주변 사람들이었으며 그들은 불과 2~30만 달러의 투자로 수천만 달러 이상의 투자 수익을 얻었다. 우리 주변에서 벌어지는 비슷한 사례와 반대의 경우를 듣고 보면서 좋은 사람과의 만남이 얼마나 소중한지를 일깨워 준다.

'하늘은 스스로 돕는 자를 돕는다.'

성실하게 꾸준히 노력하면 주위 사람들로부터 저 사람은 믿을 수 있다. 그리고 반드시 성공할 사람이라는 신용을 얻게 된다. 그렇게 쌓은 신용으로 성공한 사업가들이 주위에 많이 있음은 이제 운도 능력과 노력으로 결정되는 '기칠운삼' 의 시대가 도래했음을 증명해 준다.

(2014. 9. 8)

경영 감각을 높여라

당신이 투자를 결정하는 마지막 인터뷰에서 최고 경영자가 사업상 중요한 결정을 내릴 때 '제 직감에 따릅니다' 라고 대답한다면 투자를 보류하거나 취소할 가능성이 크다. 그러나 '나는 모든 통계자료를 분석하여 과학적이고 합리적인 방법으로 결정합니다' 라는 대답을 듣는다면 흔쾌히 투자할 가능성이 높아진다.

전자는 시대에 뒤떨어진 주먹구구식 경영을 한다고 생각해 부정적 이미지가 강하고, 후자는 과학적 경영을 한다고 믿기 때문이다.

통계를 기초한 경영 바람은 1990년대 들어 급속도로 확산되면서 각 대학의 MBA 학위 프로그램은 학교 수익 창출에도 중요한 학과로 자리 잡았으며, 창업자의 감각 경영은 차츰 시대에 뒤떨어진 주먹구구식 경영으로 인식하게 되었다. 그러나 최고의 권위를 인정받고 있는 하버드대학 MBA 프로그램에서는, '본능과 용기 그리고 경험에 따라 행동하는 임기응변형의 경영자가 양적인 분석과 도표를 활용하는 합리적 경영자보다 훨씬 성공 가능성이 높다' 고 지적했다.

철저한 분석에 의존하는 사람들은 비즈니스 경영의 모든 변수를 예측할 확실한 경영기법이 존재하며 그것을 통해 미지수도 통제 가능한 수준에 왔다고 믿는다. 일정한 형식을 찾아 도전이나 기회를 공식에 대입해 활용하면 확실한 성공을 거둘 수 있다고 그들은 생각하고 있기 때문일 것이다.

그러나 하버드대학 MBA 프로그램에서는 학생들에게 그런 처리 체계란 존재하지 않으며 그저 환상에 불과하다고 가르친다. 어떤 방정식으로 풀어도 미지수와 변수를 정확히 아는 건 불가능하므로 경영은 결코 과학이 될 수 없어 오히려 경험의 통일적 형태 즉 직감이 더 중요하다는 것이다. 하늘의 별만큼 많은 기업 중에 과연 몇 개의 회사가 정확한 통계자료와 복잡한 공식을 거친 합리적 결과로 설립됐을까? 모르긴 해도 극소수에 지나지 않을 것이다.

우리가 잘 아는 유명 재벌기업들의 창업자들은 경영을 배운 적은 물론 정규 교육도 제대로 받지 못한 경우가 대부분이다. 그들은 자신의 직감과 용기로 회사를 창업해 수많은 난관을 극복하고 세계적 기업으로 만들었다.

투자의 귀재로 불리는 워렌 버핏은 "성공에 고등수학이 필요했다면 나는 지금도 신문을 배달하고 있었을지 모른다. 투자에 필요한 수학은 덧셈 뺄셈 나누기와 곱하기, 사칙 연산만 할 줄 알면 충분하다. 성공의 중요한 요소는 사물을 정확히 판단하는 직관력이다"라고 말했다.

사람에게는 타고난 감각과 교육이나 훈련으로 개발된 후천적 능력
이 있다. 멋진 옷을 만드는 것이 능력이라면 어떤 옷이 잘 팔릴지 구
분할 줄 아는 것이 감각이다. 경영자에게는 만들 줄 아는 능력보다 잘
팔릴 제품을 구분하는 안목과 직관력이 더 중요하다.

스티브 잡스도 '지적인 능력보다 강력한 것이 직관력'이라고 자주
언급했다. 사업에 필요한 직관적 사고를 논리적 사고보다 더 높은 능
력으로 평가한 것이다. 물론 통계에 근거한 합리적 계획과 지표 경영
의 필요성은 매우 중요하며 사업의 기본이다. 그러나 통계란 지나간
기록이라는 한계가 있으며 과거 평균이 미래의 평균이 될 거란 확신
도 없다.

또한 통계를 활용할 때도 인간은 자기가 원하는 증거를 찾고 싶어 하는 특유의 성향이 작동하기 마련이다. 문제는 이러한 인간의 본능적 성향을 바로잡을 수 있는 사고 능력과 결정 기술을 어느 곳에서도 가르치지 않는다는 것이다.

이러한 허점들을 극복하고 고등수학으로도 해결 불가능한 미지수는 결과적으로 경영자의 직관력에 의지할 수밖에 없다. 같은 여건에서 동업종을 동시에 시작해도 몇 년 후 경쟁사와 확연한 결과의 차이가 나는 것도 경영자의 직관력(경영감각)의 수준 차이에서 나온 결과물인 것이다.

경영감각은 관련 사업에 쏟는 지속적인 열정과 경험이 쌓이면서 향상된다. 자신이 운영하는 회사 일에 흥미가 줄거나 배우는 게 귀찮아지면 경영감각이 떨어지고 있다고 판단하라. 흔히들 돈도 들어오는 때가 있다고 하지만 지속적으로 벌리지 않는 건 자신의 감각이 떨어졌기 때문이지 결코 때가 있어서가 아닌 것이다.

경영감각을 높이는 데 필요한 열정과 에너지가 떨어졌다면 나이와 상관없이 은퇴를 고려할 시기다. 뛰어난 수완을 발휘했던 사업가들이 마지막에 오점을 남기는 이유도 경영감각이 무뎌졌기 때문이다. 리더의 감각은 보이지 않는 경쟁력이며 회사의 미래임을 기억하라.

(2014. 9. 22)

스스로 힐링하라

"금전적 손실은 부분적으로 잃은 거지만 신용을 잃었다면 대부분을 잃은 거다. 게다가 건강을 잃었다면 모든 것을 잃은 것이다."

우리가 익히 잘 아는 내용을 경영자 입장에 맞도록 바꿔서 옮겨봤다. 교민들 중 한창 나이에 홀연히 세상을 뜬 사람들 가운데 유난히 자영업자들이 많다. 아직 어린 자녀들과 부인을 남겨두고 떠나야 하는 가장의 아픔이 느껴져 가슴이 먹먹해진다. 비교적 젊은 나이에 세상을 뜬 자영업자의 사망 원인은 대부분 암이며 그중에서도 간암 사망률이 유난히 높음에 주목하지 않을 수 없다.

간은 인체의 장기 중에서도 제2의 심장이라 부를 만큼 중요한 역할을 수행한다. 음식에서 섭취한 영양소들을 분해와 합성을 통해 인체를 움직이는 에너지로 전환시키고 독성을 해독하는 기능을 담당한다. 이렇게 중요한 장기임에도 간에는 신경세포가 없어 문제가 생겨도 자각하지 못하고 지나치다 심각한 지경에 이르러서야 병증을 발견하는 경우가 대부분이다.

간의 건강을 해치는 주요 원인은 유전적 요소를 제외하면 음주와 과로 그리고 극심한 스트레스가 원인이라는 게 전문가들의 공통적 의견이다. 간뿐 아니라 다른 암들의 주요 발병 원인도 스트레스에 기인한다는 연구결과들을 보면 성취욕과 자존심이 유달리 강한 한인 경영자들이 더 높은 스트레스 요건에 노출되어 있어 걱정이다.

사회는 더욱 다양하고 복잡한 모습으로 바뀌고 있으며 생존을 위한 경쟁도 점점 치열해지는 환경에서 한시도 긴장을 늦출 수 없는 게 경영자들의 당면 과제다. 각자의 성격이나 철학에 따라 스트레스에 대응하는 방법도 다르겠지만 담배나 술에 의지하거나 일에 더욱 열중하는 방법으로 대처하는 경우 모두 간에는 나쁜 영향을 미치는 요소들이다.

스트레스 해소와 건강에 좋다고 골프를 즐기지만 오랜 시간 동안 뜨거운 태양 아래서 보내며 오는 체력 소진도 무시하기 어렵다. 또한 경쟁심으로 한 타라도 줄이기 위해 애쓰는 긴장감, 그리고 생각처럼 게임이 풀리지 않을 때 오는 짜증이 오히려 스트레스를 증가시키지 않을까 염려도 된다. 어떤 경우 골프 약속을 어길 수 없어 처리해야 할 일을 미뤄놓고 필드에 나갔을 때 오는 걱정과 불안감은 오히려 스트레스 레벨을 더 올릴 가능성도 크다.

마음을 쉬기 위한 방편으로 신앙생활을 하는 사람도 많이 있지만 여기서도 잘난 사람 보기 싫어 스트레스 받고, 목사님 설교가 자기 철학과 맞지 않아 불만이 쌓이니 또 혈압만 오른다. 그래서 그런지 이도 저도 안 되는 사람들을 위한 힐링 프로그램이 요즘 유행이다.

우리가 잘 아는 미국 속담에 'There is no place like home' 이 있다. 궁전이든 초가집이든 '세상 어디에도 집처럼 편안한 곳은 없다' 는 것이 아니겠는가. 스트레스는 외부 환경변화에 몸이 반응하는 상태를 의미한다. 따라서 집밖의 환경은 개인이 컨트롤할 수 없지만 가정의 분위기는 가족들 스스로 협력해 조절이 가능하다. 그래서 집은 주인의 허락 없이 누구도 들어올 수 없는 성역으로 법률로 보장받고 있는 것이다.

가정이란 링 위에서 격렬한 펀치를 주고받던 선수가 각자 코너로

돌아가 다음 회전을 치루기 위해 호흡을 가다듬는 장소와 같은 곳이 아닐까 생각해 본다.

예상치 못했던 일로 1,000만 달러에 가까운 손실을 본 사업가와 며칠 전 저녁 식사를 함께 했다. 이민생활 수십 년 동안 노심초사하며 일궈온 재산이 억울하게 무너져가는 모습을 지켜보는 당사자의 심정이 어땠을지는 우리 모두 짐작이 가고도 남을 것이다. 절친한 친구 사이라 그 내용을 잘 아는 입장에서 긴 시간의 고통을 어떻게 견딜 수 있었는지 물었다.

그는 잠시의 머뭇거림도 없이 자신이 미치거나 건강을 잃지 않고 극복할 수 있었던 것은, 첫째는 아내의 격려이고, 그 다음은 좋은 친구들 덕분이었다고 말했는데 그의 목소리가 촉촉이 젖어 있었다.

세상 그 어떤 성공도 가정에서의 실패를 보상해 주지 못하며, 행복한 가정의 가장을 누구도 실패자라고 규정하지 않는다. 어떤 경우라도 자신을 이해해 주고 끝까지 믿어주는 사람은 가족들이다. 가정은 우리가 편안하게 힐링할 수 있는 지상에서 유일한 장소이다.

따라서 집에서 하지 못한 힐링을 나가서 하겠다는 건 허공에 집을 짓겠다는 망상에 불과하다. 가정을 당신의 천국으로 만들어 완벽한 휴식을 취하는 게 성공의 초석임을 기억하라.

(2014. 10. 6)

태도를 분명히 하라

성공한 사람들을 살펴보면 공통된 특징 중 하나가 바쁜 일정에도 불구하고 주변 사람들과 원만한 관계를 유지하고 있음을 알 수 있다. 비즈니스에서 성공하기 위해선 고객과 직원들, 그리고 많은 관련 사람들의 협조와 도움을 필요로 하기 때문일 것이다.

이런 환경에서 자신의 분명한 의사 표현을 하기란 결코 쉽지 않겠지만 경영자는 자신의 태도를 명확히 하면서 타인과 좋은 관계를 유지해야 하는 숙제를 안고 있다.

고객을 모시는 입장과 직원들에게 지시를 내려야 하는 상황, 그리고 다른 사람의 부탁도 들어줘야 하는 하루에도 몇 번씩 자신의 위치가 완전히 뒤바뀌는 환경은 1인 3~4역을 맡은 배우보다 더 어려운 감정의 변화를 요구한다.

이런 과정에서 자칫 다중인격자로 오해받기 십상이지만 전투를 지휘하는 사령관이 자애로운 성직자 모드로 사랑으로 죽여라고 웃으며 명령할 수는 없는 노릇이 아닌가.

한 나라의 언어는 국민들의 오랜 관습과 철학, 그리고 정신이 깃들어 있는 문화다. 머리 좋은 한국 사람이 영어 습득에 어려움을 겪는 것도 표현하는 방법, 즉 문화적 차이에서 오는 혼란 때문일 것이다. 어순은 물론 시제에서도 과거 현재 미래로 단순 구분하는 한국어와 달리 영어는 과거 완료, 진행, 현재 완료, 진행 등 우리가 적응하기에 어색하고 복잡하다.

둘 이상은 반드시 복수로 표시하고 이것도 부족해 a와 the를 사용해 더욱 명확히 한다. 언어의 체계에서 보듯이 영어는 매사에 사사건건 분명한 선을 긋는다. 그리고 그 형식에 맞지 않으면 뜻이 통하지 않으며 Yes와 No를 문장의 맨 앞쪽에 둬 수락과 거부를 처음부터 확실히 한다.

반면에 한국어는 정서적이며 다른 사람을 배려하는 언어로 에둘러 표현하는 방식이 많아 끝까지 잘 들어보지 않으면 난처한 상황이 발생할 수 있는 것이 특징이다.

나이 들어 이민 온 1세들이 겪는 큰 어려움 중 하나가 Yes와 No를 분명히 말하는 습관이 들지 않은 상태에서 이를 명확히 표현해야 하는 환경에 적응하는 것이다. 처음 영어를 배울 때 미국인과 대화 중 Yes와 No를 제대로 사용하지 못해 빚어진 황당한 경험은 이민자 누구나 한두 번은 겪는 대표적인 에피소드일 것이다.

어느 정도 영어를 구사하는 사람도 한국식으로 에둘러 표현하면 미국인들은 정확히 이해하지 못한다. 특히 한국어에는 감성적 단어가 많은데 그 대표적 표현이 정과 감동이 아닐까 싶다. 두 단어를 영어로 표현할 방법이 없어 love나 impress 등으로 번역을 하지만 우리끼리 느낄 수 있는 감정 전달은 불가능하다.

언어에서 보듯 한국인의 마음 속에는 정이라는 끈끈한 감정이 흐르며 가까운 사람들과 이를 공유하고 싶어 하는 욕구가 자리하고 있다. 예를 들면 직원모집 광고도 ○○가족을 찾습니다. 혹은 가족같이 지내실 분이라는 표현을 하는데 이는 지구상에서 오직 한국 사람들만 사용하는 문구라고 들었다. 따라서 한국인 사이에 정이 가지 않는 사람이란 표현은 그 사람과의 관계를 감정적으로 단절했음을 의미한다.

역설적이지만 이민 1세들의 성공요인 중 하나가 어려워도 No라고 말하지 못하고 고객의 요구나 친구들의 궂은 부탁을 들어준 정이라는 정서도 큰 몫을 했을 것이다. 그러나 지켜야 할 것이 늘어난 환경에서 체면 때문에 No를 못해 심한 경우 가정이나 사업의 근간이 흔들리는 경우도 발생하니 문제가 아닐 수 없다.

또한 애매한 언어와 태도로 오히려 부탁해 온 상대를 어려움에 빠뜨리는 난처한 상황도 종종 발생하는데 이는 모두 자기 태도를 분명히 하지 않음에서 기인한다.

명확한 의사 표현과 확인은 비즈니스를 하는 데도 매우 중요하다. 조금 껄끄러운 상황이라도 자의로 해석하거나 상대가 이해를 했겠지, 라고 짐작하기보다는 분명하게 해야 한다. 완곡하게 표현하려는 의도는 좋지만 프로의 세계에서는 오해의 소지가 없는 명확한 의사 전달이 더 중요하기 때문이다.

리더로서 가장 힘들고 어려운 순간이 No라고 말해야 할 때다. 자신을 둘러싼 모든 사람들이 하나같이 소중한 사람들이지만 어쩔 수 없이 No라고 말할 때 마음이 우울해지고 힘이 빠진다.

그럼에도 불구하고 CEO는 언제나 분명한 태도를 표명해야 하는 책임을 지고 있다. 말 한 마디에 천 냥 빚을 질 수도, 갚을 수도 있기 때문이다.

(2014. 10. 20)

절박함으로 무장하라

유럽의 혹독한 겨울에 코끼리 떼를 이끌고 한니발 장군이 알프스를 넘는다는 소식을 접한 피아첸차에 주둔하고 있던 로마군의 사기는 바닥을 헤매고 있었다. 겨울에는 약속이라도 하듯 전쟁을 멈추고 휴식을 취하거나 병사들을 고향으로 보내는 것이 당연시 되었던 시대라 달콤한 휴식을 기대했던 병사들의 사기는 그야말로 최악이었다.

집정관 코넬리우스는 사기를 끌어 올리기 위해 병사들 앞에서 연설을 시작했다.

"새로운 적과 싸운다고 생각하지 말라. 그들은 우리가 23년 전에 무찌른 패배자의 잔당일 뿐이다. 게다가 적들은 알프스를 넘어오느라 이미 전력의 3분의2를 잃었으며 목숨을 부지한 병사들도 추위와 굶주림에 병들고 지쳐 싸울 의지도 없는 떠도는 유령들에 가깝다. 이 전투는 우리의 국토와 가족들을 지키기 위한 싸움이다."

한편 카르타고군의 숙영지에서도 한니발이 병사들을 모아놓고 사기를 북돋우고 있었다. 그는 로마의 귀족 출신인 코넬리우스와는 달리 자신을 중심으로 병사들을 둥글게 둘러서게 하고 포로로 잡은 갈라리아인들을 가운데로 끌어냈다. 비쩍 마르고 온몸은 동상에 걸려 마치 유령 같은 포로들에게 결투하여 이긴 자는 말을 태워 고향으로 보내겠다고 약속했다.

포로들은 모두가 결투를 희망했고 불과 몇 분 전까지 동료였던 그들은 아귀가 되어 서로를 죽이는 처절한 결투를 벌였다. 이긴 자는 약속대로 말을 태워 고향으로 보냈으며 눈앞에 펼쳐진 승자와 패자의 차이는 삶과 죽음의 차원을 넘어선 그 이상의 의미가 있었다. 이를 지켜보던 한니발의 병사들은 시간이 흐를수록 기필코 이겨야 한다는 똑같은 감정을 더욱 깊게 품게 되었다.

결투가 모두 끝나자 한니발이 병사들에게 소리쳤다.

"우리가 지금 본 것은 구경거리가 아니다. 엄연한 우리들의 현실이다. 우리의 왼쪽과 오른쪽은 바다로 막혀 있어 도망치려 해도 배가 없다. 또한 등 뒤에는 목숨 걸고 힘겹게 넘었던 죽음의 알프스가 버티고 있다. 우리가 방금 본 갈라리아 포로처럼 절박한 심정으로 싸운다면 우리는 반드시 승리할 수 있다. 승자가 되면 신조차도 부러워 할 만큼의 보수를 받겠지만 패한다면 죽음만이 여러분을 기다릴 것이다."

고대국가 전투의 특징 중 하나는 전력의 열세에 있던 군대나 나라가 대부분 승리했다는 사실이다. 이는 목숨을 담보로 하는 전투에서 누가 더 절박한 심정으로 싸웠는지 여부가 승패의 결과를 가져왔음을 말해 준다.

삼성그룹을 승계한 이건희 회장은 막막하기만 했다. 뿐만 아니라 이대로 가다간 그룹 전체가 무너질 것 같은 절박한 위기감까지 느꼈다. 가장 큰 문제는 직원들 가운데 아무도 자신과 같은 절박감을 느끼는 사람이 없었다는 것이다. 급기야 심한 불면증에 시달리며 불고기 3인분을 먹어야 직성이 풀리는 대식가인 자신이 식욕이 떨어져 하루 한 끼를 간신히 먹을 정도였다.

이는 이 회장께서 저서를 통해 밝힌 내용이다. 그 절박감으로 '자식과 마누라만 빼고 모두 바꾸자' 라는 신경영 선언을 하게 되었으며, 소니 등 당시는 넘볼 수 없었던 선두 기업들을 제치고 삼성이 일류기

업으로 도약하는 계기가 됐음은 잘 알려진 사실이다.

경쟁에서 이겨야 한다는 절박감은 경영난에 빠져 도산을 걱정하는 공포심과는 확연히 다르다. 성공을 목표로 하는 전자는 베타 엔돌핀을 생성해 조직에 활력을 주지만, 후자는 패배의 불안감에 아드레날린을 분출시켜 자신과 직원들의 사기를 저하시킨다. 같은 절박감에도 완전한 다름이 있음을 한니발이 병사들에게 보여줬던 사례에서 제대로 증명해 준다.

사업을 구상할 땐 누구나 큰 목표와 꿈을 갖지만 시작하는 순간 치열한 경쟁에 휘말리고 당장의 생존도 장담하기 어려운 냉혹한 현실이 기다린다. 그리고 이런 환경 속에서 성공하고 나아가 일등기업이 되는 건 불가능에 가깝다고 체념할지 모른다.

그러나 해답은 의외로 가까운 곳에 있다. 자신이 품고 있는 성공의 간절한 열망과 실패하지 않겠다는 절박감을 조직원 모두에게 똑같은 무게로 느끼게 할 수 있다면, 일등기업을 이루는 꿈은 현실이 될 것이다.

"승자가 되면 신조차 부러워 할 보수를 받겠지만 패한다면 죽음만이 여러분을 기다릴 것이다."

한니발 장군의 외침처럼 경영자 자신부터 먼저 이런 절박함으로 무장한 뒤 전 조직으로 확산시켜 보라.

(2014. 11. 3)

경제 여건과 기업의 대응

나무를 땔감으로 사용하던 어릴 적 필자가 살던 마을에 굴뚝 청소를 업으로 삼는 사람이 가끔 방문하곤 했었다. 나무로 만든 대형 풍로를 아궁이에 연결하여 힘차게 돌리면 구들장을 막고 있던 그을음과 재들이 시커멓게 쏟아져 나왔다. 온몸에 검정 그을음을 덮어쓴 인부의 수고 덕분에 그날 밤부터 고루 따뜻한 방에서 잠을 잘 수 있었던 기억이 생생하다.

금융위기가 닥치자 FRB는 6년간 4조 5천 억 달러의 천문학적 발권으로 시중에 유동성을 공급했다. 처음 이 조치를 발표했을 때 많은 사람들은 경기가 곧 좋아질 것으로 기대했지만 보수적 견지의 학자들은 막대한 양적 완화가 하이퍼 인플레이션을 가져올 것이라며 반대했다.

그러나 예측과 달리 디플레이션을 걱정하는 선진국 중앙은행장들의 모습을 우리는 보고 있다. 인플레이션을 예상해 원유 구리 철광석 등 원자재에 투자했던 사람들은 지금 막대한 손실을 보고 있지만 반대로 달러 강세를 예측해 여타 국가의 통화 하락에 베팅한 소수의 투자자들은 큰 수익을 얻고 있음이 작금의 상황이다.

지금의 현상은 경제학계가 소위 학파라고 인정한 고전주의부터 마르크스, 슘페터, 케인즈, 그리고 행동주의까지 9학파 이론의 어디에도 명확한 설명이 없는 상황이다. 그렇다면 그동안 찍어낸 엄청난 달러는 모두 어디로 갔단 말인가? 최근 발표된 자료에 의하면 절반 이상인 2조 5천 억 달러는 다시 FRB 금고로 들어가고 1조 6천 억 달러는 기업이 자사주를 매입해 주가를 올리는 데 사용됐다.

2008년 은행이 쌓아놓은 지불준비금은 1,400억 달러 정도에 불과했으나 2014년 평균은 2조 7천 억 달러에 달한다. 돈은 무한정 풀었지만 다수 금융소비자들의 신용 공여를 줄임으로써 은행은 풍부한 유동성을 소화하지 못하고 의무 이상의 지불준비금을 중앙은행에 맡겨놓고 있는 실정이다.

기업도 넘쳐나는 자금을 투자를 통한 미래가치 상승과 고용창출에 사용하기보다는 당장 주가를 올리는 자사주 매입에 소진했음을 알 수 있다. 저금리 자금을 기업에 공급해 양질의 일자리 창출은 물론 관련 산업의 낙수 효과로 경기 부양에 기여할 목적으로 추진한 양적 완화 정책은 예측이 빗나간 것이다.

이런 상황들은 99% 아랫목을 덥히기 위해 많은 불을 땠는데 소수 1%의 윗목만 더 달아올라 빈부의 격차만 키우는 결과를 가져왔다. 융자에 필요한 유동성은 넘쳐나지만 더 까다로워진 조건으로 대출 기회를 줄임으로써 자격을 갖춘 소수에게 자금이 몰려 갈 때 발생하는 당연한 결과다.

어느 나라든 정책 입안자들은 화려한 모습을 연출하기 위해 안간힘을 쓸 뿐 시커먼 검뎅이는 누구도 덮어 쓰려 하지 않는다. 막힌 굴뚝을 뚫기보다 군불을 더 때는 손쉽고 편안한 방법을 선택하는 대리인 부작용의 전형적 행태라 하겠다. 자본주의는 어차피 고사할 운명이라는 슘페터의 극단적 표현도 이러한 취약성을 간파했었기 때문일 것이다.

정부가 발표한 개선된 경제지표와는 달리 대다수 국민들의 체감 경기는 아직도 냉랭한 실정이다. 일부 학자들은 디플레이션을 우려하고 있지만 실제 서민들의 생활에 직접적인 영향을 미치는 주거비용과 식료품 값이 빠르게 오르고 있어 가처분 소득은 오히려 줄고 있다.

생활의 필수품인 농산물과 가스 값이 근원 물가에서 제외되는 모순 때문에 당국은 디플레이션을 걱정하고 소비자는 인플레이션을 염려하는 괴리가 커가고 있음이 오늘의 현실이다.

지난 11월 중간선거 결과는 미국 중산층의 분노와 절망감이 얼마나 심각한지 보여준 사례가 아닐까 싶다. 어느 시대든 경제 상황은 기업 경영에 직접적인 영향을 미친다. 기업이 배라면 경제는 배를 띄우는 바다와 같기 때문이다. 바다는 언제든 돌발상황이 발생할 리스크가 매우 높아 배를 운항하는 선장은 경계심을 풀어선 안 된다.

크기와 상관없이 작은 파도에 휩쓸려 침몰하는 배가 있는가 하면 태산 같은 풍랑을 헤치고 앞으로 나아가는 선박도 있다. 극한의 바다를 항해할 때는 상대적으로 홀수가 낮은 화려한 유람선이 불리하다. 이럴 땐 멋은 없지만 높은 파도에도 안정적인 복원력을 구비한 홀수가 깊은 선박이 유리하기 마련이다.

역사상 유례가 없던 저금리시대란 역사상 가장 심각한 불황이 지속되고 있음을 의미한다. 이런 시기는 과시형 확장을 자제하고 회사의 기초 체력을 키우는 데 운영의 중점을 두는 게 좋다. 자사가 지니고 있는 모든 자원이 효율적으로 활용되고 있는지 꼼꼼히 분석해 수익의 극대화를 추구하는 게 우량회사의 시작이다. 기업의 가치는 성과에 비례하며 경쟁도 결국은 효율성의 싸움이기 때문이다.

(2014. 11. 17)

오너경영과 전문경영

"잠자리에 들기 전 아이가 사탕을 달라고 떼를 쓰면 아무리 울고 보채도 끝까지 주지 않는 아버지와 어르고 달래다 결국은 사탕을 물려주는 아버지 중 어떤 아버지가 더 자식을 사랑하는 아버지겠습니까? 전자의 아버지는 아이의 먼 장래를 생각해 기꺼이 울고 보채는 불편함을 감수하지만 후자는 지금 사탕 한 개가 당장 아이의 건강을 위협하지도 않는데 집안을 시끄럽게 하는 것보다 낫다고 생각할 수 있지요. 이것이 오너경영과 전문경영의 차이가 아닐까 생각합니다."

금융위기가 한창이던 2008년 미국 대기업의 오너경영자가 인터뷰에서 비유로 답변한 내용이다. 2005년 포춘 500대 기업 중 오너경영 비율은 15% 정도에 불과했지만 금융위기를 겪으면서 그 비중이 19%로 늘었음은 오너경영 기업이 전문경영 기업보다 위기에 잘 준비돼 있음을 말해 준다.

공익을 목적으로 국가가 설립한 기업을 제외한 모든 기업은 개인 기업으로 출발했을 것이다. 오너경영으로 시작한 기업이 설립자가 은퇴하거나 사망하면서 전문경영인에게 맡겨지는 경우가 발생한다. 상속 자녀가 없거나 있어도 경영에 관심이 없는 경우와 가족간 분쟁이나 과도한 상속세 부담으로 회사를 매각하는 케이스도 적지 않기 때문이다.

기업 역사는 미국보다 길지만 경영권 이전 여건이 불리한 유럽의 상장 대기업 중 40%가 아직도 창업주 가문에 의해서 경영되고 있음은 전문경영인 영입을 차선으로 선택하고 있음을 보여준다. 전문경영의 명확한 정의는 없지만 미국식 판단으로 본다면 오너에 의해 임명된 사장이 아니라 주주들에 의해 선출된 이사회의 지명으로 경영 전

반에 책임을 지는 CEO를 전문경영인이라 할 수 있다.

이런 관점에서 본다면 한국의 대표적 1세대 전문경영인으로 알려진 이명박 전 대통령은 정주영 회장의 지휘 아래 있었기 때문에 전문경영인 범주에 들지 못한다. 삼성전자를 비롯한 한국 재벌가 그룹 계열사에 많은 전문경영인들이 활동하고 있음에도 가족경영 기업으로 분류되는 것도 이러한 맥락에서 비롯된다.

경제전문지 이코노미스트는 가족경영 기업의 장점으로 경영 능력을 갖춘 창업자나 후손이 단기 실적에 연연하지 않고 장기적 관점에 가치를 두고 흔들림 없이 기업을 운영해 나간다는 점을 들었다. 특히 보수적 자금 운영으로 부채 비율을 낮게 유지함으로써 외부 환경의 변화나 내부적 위기에 직면할 때 안정적인 경영이 가능하다고 분석했다. 이는 창업자나 후손들이 회사를 자신의 분신이나 가족의 일원으로 느끼고 있어 최악의 상황을 초래하지 않도록 주의하며 운영하고 있기 때문일 것이다.

홍보대행사 에델만이 소비자들을 대상으로 기업 이미지를 조사한 결과 가족경영 기업의 신뢰도가 73%를 기록하여 전문경영인이 운영하는 기업 64%보다 훨씬 높게 나타났다.

오너경영자나 전문경영인 모두 회사를 발전시켜야 한다는 목표는 같다. 그러나 임기가 정해진 사람과 그렇지 않은 사람의 입장 차이는 현실적으로 크게 다를 수밖에 없다. 어떤 진리도 시대의 논리와 상식을 이기지 못했던 것처럼 전문경영인에겐 아이의 먼 미래보다는 울며 보채는 당면한 상황 논리를 외면할 시간적 여유가 없기 때문이다.

얼마 전 한 은행장이 인터뷰에서 "경쟁력 제고에 주안점을 두고 장기적 관점에서 투자를 늘리고 있다. 따라서 상대적으로 실적대비 주가가 낮지만 이사회의 충분한 지지를 얻고 있어 단기 주가에 연연하지 않는다"라고 말했다. 추진중인 사업들이 은행의 펀드멘탈을 강화시킬 수 있다면 바람직한 전략이라 생각된다.

기업의 역사가 길지 않은 교민 사회에서 최소한의 전문경영인 형식을 갖춘 기업은 은행들이 대부분이다. 따라서 은행의 성공적 전문경영인 정착은 향후 있을 다른 업종의 기업들에게 많은 영향을 줄 것으로 믿는다. 요즘 5년 이상 장기 계약하는 행장들이 많이 나오는 건 전문성과 장기 비전의 중요함에 비중을 둔 바람직한 방향이다.

지난 금융위기 때 동포사회는 2개의 한인은행이 문을 닫는 아픈 경험을 갖고 있다. 전문성이 부족한 이사들과 단기 실적에 쫓기는 전문경영인의 조급함이 만들어 낸 쓰라린 실패다.

이런 실패를 반면교사로 삼아 더욱 유능한 전문경영인들이 많이 배출될 수 있도록 건전한 토양을 만들어 교포 기업이 더 높은 단계로 도약하는 계기로 삼길 바란다.

(2014. 12. 1)

사람이 답이다

　프라이빗 회사를 인수할 때 기업 가치는 일반적으로 영업이익 (EBITDA)의 몇 배를 지불할지를 기준으로 산정한다. 상장된 회사의 주식 가치에도 실제 주가에서 주당 순자산(BPS)을 뺀 나머지 액수는 주식 구입자가 지불하는 일종의 프리미엄이다. 매매가는 회사가 보유하고 있는 건물이나 기계설비 등 유형의 자산 가치보다 영업에서 벌어들이는 수익이 큰 부분을 차지한다. 즉 회사를 인수하는 목적은 건물이나 설비가 아니라 수익 창출의 원천인 직원과 고객을 인수하는 데 있음을 의미한다.

　토지나 설비는 돈만 있으면 언제든 구입이 가능하지만 훈련된 직원과 고객들은 단시간에 확보할 수 없기 때문에 무형의 자산을 인수하는 대가로 막대한 프리미엄을 지불하는 것이다. 따라서 회사가 영업활동을 통해서 벌어들이는 수익에 따라 기업의 가치는 큰 차이가 날 수밖에 없다.

글로벌 시장에서 치열한 경쟁을 벌이고 있는 삼성과 애플을 비교해 보면 오늘 현재 매출에서 앞서는 삼성의 시가 총액은 애플의 25%에 불과하다. 공장 건물과 설비 등 유형자산에서 애플을 압도적으로 능가하는 삼성의 가치가 시장에서 저평가 받는 이유는 영업에서 벌어들이는 수익률이 낮기 때문이다.

영업 이익률은 기업 조직원들 전체가 총력을 기울인 결과물이며 회사의 종합 능력이다. 지금처럼 생존에 필요한 마진 확보도 어려운 환경에서 영업 이익률을 높이는 게 결코 쉬운 일은 아닐 것이다. 그렇지만 해답을 사람에게서 찾는다면 결코 넘지 못할 장벽도 아님은 분명하다.

그러나 장벽을 물리적 힘으로 무너뜨리는 2차원적 수단은 근본적 해결책이 될 수 없는 시대에 우리는 살고 있다. 온힘을 다해 부순다 해도 또 다른 장벽에 부딪칠 수밖에 없기 때문이다. 물리적 난관을 같은 방식으로 해결하는 것은 노력대비 효과가 제한적일 수밖에 없어 창의적 생각으로 해법을 찾지 않으면 일류 회사로 도약하는 건 불가능하다.

혼다 그룹이 자동차사업 진출을 준비하면서 엔지니어들이 원가를 낮추는 방법을 찾기 위해 궁리하고 있었다. 경쟁사 자동차를 분석하며 연일 토론을 했지만 방법을 찾지 못하고 시간만 흘러갔다. 답답했던 소 이치로 회장이 회의를 마치고 자리에서 일어서면서 중얼거리듯 말했다.

"자동차가 별 건가…. 우리 오토바이 두 대를 붙이면 되는 거지."

이 한 마디에 충격을 받은 엔지니어들은 경쟁사 자동차대비 원가 절감을 포기하고 원점부터 새롭게 시작했다는 일화는 매우 유명하다.

기업들이 직원을 채용할 때 빼놓지 않는 조건중 하나가 창의적 인재다. 창의적 인재의 직설적 의미는 회사에 돈을 벌어줄 사람일 것이다. 그런데도 정작 직원을 뽑을 때의 기준은 돈 버는 것과 동떨어진 잣대를 적용하는 경우가 흔하다. 대기업의 경우 영업부 사원을 뽑아도 명문대 출신이 아니면 면접도 보지 못하고 서류심사에서 탈락되는 상황이 일상화 된 지 오래다.

마케팅 부서의 인재는 공부 잘 하는 사람이 아니라 자사 제품을 완전히 이해할 수 있는 머리와 열정 그리고 지치지 않는 끈기를 소유한

사람이다. 한두 번의 거절에 상처를 받아 포기하는 사람보다 끈질기게 도전하여 기어이 자신의 목표를 달성하는 직원이 인재가 아니고 무엇이겠는가. 공부를 잘 하는 것은 사람이 갖고 있는 많은 재능중 하나일 뿐 모든 부분에서 우수함을 뜻하지는 않는다. 이는 세상을 바꾼 대다수 혁신적 아이디어가 결코 명문대 출신들로부터 나오지 않았음이 충분히 증명해 준다.

사람은 저마다 타고난 다른 재능을 갖고 있다. 축구를 잘 하는 사람 중에도 공격을 잘 하는 선수와 수비에 재능을 가진 사람이 있다. 야구에서도 같은 내야수라도 1루를 잘 지키는 사람과 2루 수비에 탁월한 재능을 발휘하는 선수가 있기 마련이다. 천재 작곡가 베토벤에게 그림 그리기를 시켰다면, 루벤스가 작곡을 했었다면 우리는 그들의 아름다운 음악과 멋진 그림을 감상할 수 없었을 것이다. 사람은 자기 재능에 맞는 일을 할 때 에너지가 넘치며 창의적 인간으로 바뀐다.

기업간 경쟁은 조직의 능력 대결로 귀결되므로 얼마나 많은 창의적 인재들이 포진하고 있는지에 따라 성패가 갈린다. 직원의 10%만 창의적 인재로 변화시켜도 어느 업종을 막론하고 꿈의 목표인 20% 영업 이익률 달성이 가능할 것이다.

어려울 때일수록 창의적 인재의 가치는 더욱 소중해진다. 머리 좋은 사람을 찾기보다 재능 있는 사람을 찾아 적소에 배치하는 게 인사의 핵심이다. 인재란 스스로 있는 게 아니라 능력에 따라 잘 활용될 때 인재로 거듭나기 때문이다.

(2014. 12. 15)

시간에 의미를 부여하라

우리가 사는 지구는 시속 1660㎞로 자전하면서 초속 30㎞의 엄청난 속도로 하루에 1도씩 태양을 중심으로 동쪽에서 서쪽 방향으로 공전한다. 이렇게 빠른 속도를 우리가 느끼지 못하는 것은 관성의 법칙으로 사람과 공기가 함께 공전과 자전을 하기 때문이다.

지구가 한 바퀴 자전하는 시간이 짧을 때는 23시간 56분, 길 때는 24시간 30초가 소요되므로 일반적으로 알고 있는 하루 24시간은 지구가 한 번 자전하는 시간이 아니다. 태양이 자오선을 지나 다음날 다시 자오선에 도달하는 태양의 남중을 기준으로 하루의 길이가 정해지기 때문이다.

문제는 지구가 자전하면서 타원궤도로 공전하기 때문에 시간 간격이 매일 조금씩 달라진다는 것이다. 매일 하루의 기준을 다르게 사용하면 우리는 날마다 시간을 다시 맞추는 불편과 큰 혼란을 겪게 될 것이다. 이러한 불편을 없애기 위해 일 년 동안의 남중과 남중 간격을 평균한 값인 평균 태양일을 구해 24등분하여 하루를 24시간으로 정하고 1시간을 나누어 60분, 1분을 다시 60초로 나누어 사용하고 있다.

시간의 기본 단위인 1초는 그리니치 천문대를 기준으로 평균 태양일의 86,400분의 1로 정해졌으며, 하루를 24시간으로 정한 것은 지구의 자전과 공전을 고려한 결과다. 그럼에도 불구하고 자전과 공전의 불규칙한 변동으로 발생하는 오차를 보정해 오다 지금은 세슘 원자시계를 채택하여 국제 표준시로 사용하고 있다. 우리가 일상에서 무심코 사용하는 시간이 복잡한 과학적 개념으로 정립되었음은 시간의 소중함을 일깨워 준다.

세상에 존재하는 모든 것들은 시간의 개념을 벗어나지 못하며 물질은 시간의 법칙 아래 탄생과 성장, 퇴화, 소멸을 반복하면서 어쩔 수 없이 변화해 간다. 물질로 구성된 인간도 태어난 순간 한정 이상으로 늘릴 수 없는 시간의 잔고를 가지고 세상 밖으로 나올 수밖에 없음은 우리의 숙명이다.

사람은 시간과 분리가 불가하며 죽음을 맞이하는 순간 비로소 이 개념에서 벗어날 것이다. 이 법칙과 개념은 무한정 시간이 흐르고 억겁의 시대가 바뀌어도 변하지 않을 것은 자명한 진리다. 그러나 이렇게 소중한 시간의 의미를 매순간 얼마나 깨닫고 사는지 질문을 받는다면 과연 몇 사람이 자신 있게 대답할 수 있을지 의문이다.

우리는 태어나면서 구축된 부모와 형제간의 생물학적 관계와 살아가면서 맺게 되는 친구와 동료, 그리고 고객들과 사회적 관계를 형성하며 지낸다. 부모와 자식 그리고 형제간 혈연으로 맺어진 특수한 관계라 할지라도 그 관계에 시간적 의미를 부여하지 않으면 사회적 관계인 친구나 동료보다 멀어지는 경우도 적지 않다.

피 한 방울 섞이지 않은 남남이 부부가 되면 자신을 낳아주고 길러준 부모보다 우선하는 것도 부부의 관계에 시간적 의미가 부여되기 때문에 가능한 일이다.

이렇듯 관계를 살리고 발전적으로 이끄는 건 관계에 시간적 의미를 부여하는 순간부터 시작된다. 시간적 의미는 죽어있는 관계를 살리고 일반적 관계를 특별한 사이로 전환시키는 생명이며 힘이다. 따라서 사람에게 미치는 가장 중요한 시간의 의미를 깨닫지 못하고 무심히 보낸다면 자기 성찰도 어렵고 발전은 더욱 불가능하다.

산업화 과정에서 시간의 개념을 금전으로 정의하기 시작하면서 부의 크기는 성공의 척도가 되었으며 경제력이 곧 능력의 등식이 된 지 오래다. 그러나 무턱대고 돈을 좇는 사람은 결코 큰 부를 이루기 어렵다. 우리에게 주어진 시간의 의미를 새기면서 서로의 관계를 지속해 나갈 때 더욱 돈독해지며 성공의 영감을 얻을 수 있기 때문이다.

매일 빡빡한 일정으로 시간에 쫓기며 분기마다 실적을 집계해 보고하는 CEO의 한 해는 그야말로 4개월처럼 짧게 느껴진다. 매년 연말이면 내년엔 기필코 휴가를 떠나리라 다짐을 하지만 막상 다음해 실적 걱정에 마음이 무거워지는 시기다.

이럴 때 조용히 눈을 감고 우리에게 주어진 시간의 뜻을 새겨보길 권한다. 소중한 시간을 함께하며 열심히 수고해 준 동료들 한 사람씩을 떠올려 보고 감사의 마음을 새기는 것도 의미 있을 것이다.

이제 이틀 후면 우리의 지구는 긴 여정을 마치고 출발했던 자리로 되돌아간다. 지구는 다시 같은 궤도를 또 반복해 돌겠지만 지나버린 우리의 소중한 시간은 결코 시작했던 자리로 돌아가지 못한다.

'시간의 본질은 생명이다.'

각각에 주어진 생명의 시간을 기꺼이 내주며 인연을 맺어준 동료들과 고객들, 그리고 독자 여러분들께 깊은 감사를 드린다.

(2014. 12 .29)

당신의 꿈은 안녕하십니까?

2002년 한·일 월드컵을 앞둔 우리 국민들은 사상 첫 16강에 오르지 못하는 개최국이 되는 건 아닌가 불안해 하고 있었다. 월드컵이 일 년도 남지 않은 시점에서 열린 프랑스, 체코와의 경기에서 연이어 5대 0이라는 큰 점수차로 패하자 히딩크 감독은 오대감이라는 별명이 붙었고 대다수 전문가들도 16강 진출에 회의적인 분위기였다.

더구나 조 추첨에서 FIFA 랭킹 4위의 강력한 우승 후보 포르투갈과 유럽 예선을 가장 먼저 통과한 폴란드, 그리고 랭킹 13위 미국과 같은 조에 편성되자 불안감은 더욱 컸다. 16강은 어림없고 어떻게든 1승이라도 건져 최소한의 개최국 체면이라도 살려야 한다는 여론까지 형성되고 있었다. 축구협회 관계자가 매일 대국민 사과문을 고치고 다듬었다는 후일담은 당시 실낱같은 희망도 걸기 어려운 상황이었음을 말해 준다.

그러나 히딩크 감독은 이러한 분위기에 주눅 들지 않고 개막일을 50일 앞둔 기자회견에서 지금 16강 가능성은 50%이지만 매일 1%씩 끌어올려 반드시 세계를 놀라게 하겠다며 강한 자신감을 보였다.

월드컵 본경기가 시작되자 폴란드를 제물로 월드컵 사상 첫 승을 거두었고, 미국과는 비긴 후 예선 마지막 경기에서 강호 포르투갈을 물리쳐 자력으로 16강 진출을 확정지었다.

기적은 여기서 끝이 아니었다. 16강전에서 이탈리아를 격파하고 8강에 오른 후 무적함대 스페인까지 침몰시키면서 누구도 예상치 못한 월드컵 4강에 오르는 쾌거를 이룩한 것이다.

축구 변방의 아시아, 다른 종목은 몰라도 축구는 안 된다는 높은 편견을 깨고 한국인에겐 불가능이란 없다는 것을 전 세계에 보여준 감동의 드라마를 연출한 것이다. 이때 붉은 유니폼의 응원단이 카드섹션으로 선명하게 보여준 '꿈은 이루어진다' 라는 구호는 끊임없이 노력하는 사람의 꿈은 현실이 된다는 확신을 온 국민에게 깊이 각인시키기에 충분했다.

모든 개인과 조직은 꿈(목표)을 가지고 있으며 매일의 일상은 그 꿈을 이루기 위한 노력이다. 어떤 꿈은 몽상이라 평가 절하되기도 하고 소박한 꿈은 작다고 무시당하는 경우도 있을 것이다. 그러나 꿈과 몽상의 차이는 목표의 크기가 아니라 그것을 달성하기 위한 각자의 노력에 의해서 정의된다. 아무리 작은 목표라도 수고 없이 저절로 이루어지는 꿈은 없기 때문이다.

남극의 혹독한 환경에서 새끼를 부화시키는 펭귄은 알을 발등에 얹고 수분만 섭취하며 최대 −60℃까지 떨어지는 극한을 견디면서 꼼짝없이 4개월을 보낸다. 잠시라도 한눈을 팔거나 실수로 얼음 바닥에 알을 떨어뜨리면 그동안의 노력이 수포로 돌아가기 때문이다. 우리의 꿈도 이와 같아서 중도에서 포기하거나 안이한 태도로는 결코 성취되지 않는다.

매년 새해가 되면 각 기업들은 그해 목표와 비전을 발표하고 개인은 자신의 소망을 담은 신년 결심을 한다. 그러나 무엇보다 중요한 것은 현실적으로 가능한 목표를 세우고 실천해 나가는 행동이다. 자신의 지역에서도 뚜렷한 성과를 올리지 못하는 회사가 몇 년내 세계를 제패하겠다고 발표하거나 기초도 부족한 사람이 금년은 특정 외국어를 마스터하겠다는 식의 선언은 실언에 불과하다. 불가능한 목표보다는 지금까지 진행해 온 과제를 지속적으로 수행하겠다는 의지를 굳게 하는 각오가 더욱 중요하다.

암벽 등반가 마크 웰멘은 요세미티 엘 캐피탄을 오르다 추락해 하반신 불구의 중증 장애자가 되었다. 그로부터 7년 후 그는 1,000미터가 넘는 수직 암벽인 엘 캐피탄에 다시 오르겠다고 선언했다. 말 그대로 생명을 건 무모한 도전이었으며 모두가 불가능하다고 생각했다. 마크 웰멘은 바위에 포터렛지를 매달고 팔 힘만으로 한 번에 10센티씩 몸을 위로 끌어올린 두 달 간의 사투 끝에 정상을 불과 몇 피트 앞에 두고 기진해 있었다. 몸 앞부분은 갈래갈래 해어졌으며 로프를 잡아주던 친구의 손바닥도 모두 벗겨져 피투성이가 되었다.

모두들 더 이상의 도전은 무모하다고 생각했다. 그러나 그들은 포기하지 않고 서로를 격려했다.

"우리는 꼭 해낼 거야!"

그리고 얼마 후 그들의 몸은 엘 캐피탄 정상에 올라 있었다. 장애의 몸으로 8주간의 긴 시간을 공중에 매달려 낮 최고 100도(38℃)가 넘는 무더위와 50도(10℃) 아래로 떨어지는 밤 추위를 견디며 이룩한 인간 승리는 쉼 없이 나아가는 10센티미터의 작은 전진이 꿈을 이룬다는 교훈을 주기에 충분하다.

"지혜로운 자는 행동으로 자신의 말을 증명하고 어리석은 자는 말로 행위를 변명한다. 성공하는 자는 책임지는 태도로 살며 실패한 자는 약속만 남발하며 산다."

필자가 금과옥조로 삼고 사는 유대 경전의 말씀이다.

(2015. 1. 12)

자신의 길을 개척하라

1924년 영국 등정대가 첫 정상 정복을 시도한 에베레스트는 오랜 기간 인간의 발걸음을 허락하지 않았다. 그 후 많은 등반대의 도전과 실패를 반복하다 1953년 영국 등반대의 에드먼드 힐러리와 셰르파족인 텐징 노르게이가 인류 최초로 정상에 오르는 데 성공했다.

이후 현재까지 여러 국가 수백 명의 등반대가 정상에 올랐지만 관계있는 몇 사람을 제외하면 우리는 그들을 기억하지 못한다. 등산 장비가 크게 발전되었다 해도 8,850미터의 고산을 걸어서 올라가는 본질은 변함이 없지만 그 업적을 기억하지 못함은 역사성과 희소가치 때문일 것이다.

그 후 산악인들은 최초 무산소 등정이나 단독등반 혹은 자신만의 새로운 루트를 이용한 정상 정복에 도전하고 있다.

2009년 박영석 대장이 이끄는 한국 등반대는 8,400미터 지점에 설치한 캠프를 출발해 14시간 20분간의 생사를 건 사투 끝에 에베레스트 남서벽의 새로운 루트를 통하여 정상에 오르는 업적을 남겼다.

이렇듯 산을 오르는 데도 목숨을 건 새로운 길을 만들어 도전하고 있는데 비즈니스 업계는 경쟁사를 모방한 치열한 제살 깎기식 경쟁에 몰입하고 있어 미래가 매우 걱정된다. 어느 업종이 잘 된다는 말이 돌면 수요를 몇 배나 초과하는 경쟁자들이 순식간에 몰려 치열한 가격 경쟁을 펼치다 공멸하는 경우가 흔하기 때문이다.

어떤 중소기업에서 제품을 만들어 히트시키면 다음 해 곧바로 대기업을 포함한 수십 개의 업체가 같은 상품을 출시한다. 공급과잉은 덤핑 판매로 이어지고 결과적으로 애써 제품을 개발한 기업이 어려움에 빠진다.

이런 현상은 많은 시간과 비용이 소요되는 새로운 제품을 개발하기보다는 손쉽게 다른 제품을 베끼는 한국과 중국 기업들의 대표적 악습이다. 소위 말하는 'me too' 전략은 요즘 양국에서 당연한 걸로 받아들이지만 과연 이것이 정당한 처사인지 경영자 모두 깊이 반성할 필요가 있다.

현존하는 기업 중 어떤 회사도 카피로 선두가 된 기업은 없다. 흔히 일본 사람들을 모방의 천재들이라 폄하하지만 면밀히 따지면 그들은 원천기술을 응용한 창의적 제품을 만들기 위해 혼신의 노력을 기울이고 있음을 알 수 있다.

창조적 개념이란 꼭 세상에 없는 제품만을 의미하는 건 아니다. 기존 상품이나 방식을 새로운 방법으로 해석하는 것도 창의적 개념에

속한다. 요즘 화제가 되고 있는 우버 택시도 지극히 단순한 발상이지만 창업자는 간단한 아이디어로 수십 억 달러를 벌었다.

외부 여건과 상관없이 매년 높은 수익을 내고 있는 사우스 웨스트 항공사의 전략도 의외로 단순하다. 737 단일 기종으로 서부지역 노선에 집중하면서 가능한 한 비용이 적게 드는 소규모 공항을 사용한다. 이는 효율성을 높여 원가를 낮추는 누가 봐도 알 수 있는 경영전략이다.

서부 노선이 겹쳐 영업에 심각한 타격을 받던 유나이트 항공사가 보복 경쟁을 검토하다 포기한 적이 있다. 외부에서 보기엔 단순한 전략 같지만 득보다 실이 크다는 사실을 발견하고 계획을 취소했던 일화는 경영자들에게 많은 것을 시사한다. 보기엔 쉽지만 경쟁사가 실천하기 어려운 핵심 과제를 그들이 수행하고 있었기 때문에 자신보다 몇 배나 큰 회사의 도전을 피할 수 있었으며 지금도 수익성이 가장 높은 항공사로 순항중이다.

이처럼 강한 기업의 공통점은 경쟁사를 따라가지 않고 힘들어도 자신의 길을 개척해 나간다. 따라서 경쟁사가 공들여 개발한 제품을 베끼거나 디자인과 운영 방식을 그대로 모방하는 잔재주로 사업을 하고 있다면 그 길은 성공의 역방향임을 깨달아야 한다.

기업가라면 새로운 상품을 개발하거나 다른 업종에 진출할 때 그 목적을 수없이 스스로에게 물어야 한다. 그리고 1등이 목표가 아니라 남이 하니까 따라하는 것이라면 시작하지 않는 게 좋다. 사업의 본질을 통찰하지 못하거나 목적이 불분명한 상태로 경쟁에 뛰어드는 건 사업가로서 자질이 없을 뿐 아니라 그저 다른 사람의 훼방꾼에 불과하기 때문이다. 남의 뒤를 따라 걷는 건 쉽지만 성공과는 거리가 멀고 자신의 길을 개척하기 위해선 위험과 고통을 감수해야 한다.

그러나 도전을 통하여 오는 고통은 자신과 회사를 더욱 강하게 만든다는 사실을 기억하자. 창의적 발상은 극도의 어려움과 결핍의 와중에 나오는 경우가 많다. 성공은 결코 쉽게 오지 않는다. 진정한 성공을 원한다면 용기 있게 자신의 길을 개척하길 권한다.

(2015. 1. 26)

기업인의 자녀 교육

"존재하지만 드러내지 않는다."

스웨덴 국민들의 자랑이며 자부심인 발렌베리 가문의 유명한 모토다. 160년의 역사와 5대째 경영을 세습해 온 이 가문이 차지하는 GDP 규모는 스웨덴 전체의 30% 규모에 해당한다. 우리에게도 친숙한 가전업체 일렉트룩스와 전투기 제조회사인 사브, 통신장비 회사인 에릭슨 등 18개 주요 계열사가 차지하는 시가 총액은 스웨덴 주식시장의 40%에 달한다.

이런 거대한 기업 집단을 160년간 5대에 걸쳐 경영하고 있음에도 가문의 개인 재산은 세계 1,000대 부자에 한 번도 이름을 올린 적이 없다. 이는 수익의 대부분을 자신들이 설립한 공익재단을 통해 사회에 환원하고 있기 때문이다.

6대 후계를 준비 중인 발렌베리 가문의 후계자 선정 요건은 스스로

능력을 입증해 보이는 것이다. 부모의 도움 없이 대학을 졸업하게 함
으로써 자립심과 근로의 신성함을 알게 하고 해군 장교로 복무케 해
리더쉽과 용기, 그리고 국가에 대한 책임감을 갖도록 한다. 군복무를
마치면 외국에서 MBA를 취득하고 세계 금융의 중심에서 일하면서
국제 경제의 흐름을 익히는 게 필수 요건이다.

　이렇게 최소 10년이 넘는 검증기간을 거쳐 선발된 두 명으로 하여
금 금융과 제조 부분을 나누어 경영하게 함으로써 협력과 견제의 밸
런스를 이룬다. 이런 전통은 창업 2세대인 크누트로부터 정해져 오늘
까지 지켜오고 있으니 놀라운 일이 아닐 수 없다.

　지금 우리 교민사회도 상당 수준의 규모를 갖춘 기업들이 많아졌으
며 2세로 경영권을 물려주거나 준비중인 업체도 있을 것이다. 이민 1

브라이언 김 경영칼럼 · **영혼을 움직이는 리더쉽**

세대 창업주들은 예외 없이 맨손으로 시작해 언어의 장벽과 보이지 않는 차별을 극복하며 어려운 여건에서 기업을 발전시킨 경영자들이다. 따라서 그들에게 회사는 단순한 사업체를 넘어 자식 같은 애착을 느끼는 것은 당연한 것인지 모른다. 창업 세대들의 바람은 자신의 자녀가 가업을 이어 더욱 큰 기업으로 발전시켰으면 하는 바람을 갖지만 현실적 어려움도 따른다.

첫째는 다른 전문 직종에 진출한 자녀가 경영에 관심이 없거나, 둘째는 능력이 부족해 경영을 맡기기 어려운 경우다. 옛날처럼 자녀를 많이 갖던 시대가 아니라서 선택의 폭이 좁고 자신도 미처 이 정도로 사업이 커질 줄 예상치 못했기 때문에 후계 준비에 소홀했을 수 있다.

발렌베리 가문의 후계 조건을 수립한 크누트 회장은 "가족 경영을 변함없이 지켜 나가야 하지만 경영에 적합한 후손이 있는 경우에 한한다"라는 단서를 달았다. 이는 아무리 자식이라도 무능하거나 사업에 관심이 없는 자녀에게 회사를 맡겼다 실패하면 자신은 물론 주주들과 사회에 큰 피해를 주기 때문일 것이다.

자신의 직계 자녀 중에서 후계자를 찾는 우리의 입장은 수백 명 이상의 후손 가운데 CEO를 선발하는 발렌베리 가문과 같은 기준을 적용하기엔 현실적으로 불가능할 수밖에 없다. 그러나 자녀에게 회사 경영을 맡겨야 한다면 발렌베리 가문이 추구하는 후계자의 덕목이 무엇인지 그 중심을 통찰할 필요가 있음은 매우 중요한 과제다.

많은 한인 부모들이 지향하는 자녀 교육의 목표는 훌륭한 인격보다는 유능한 인간 양성에 초점을 맞추는 경향이 높다. 유명 대학 졸업을 목표로 초등학교부터 비싼 사립 교육을 시키면서 열성을 기울이는 것은 주변에서 보는 흔한 광경이다. 반면 정작 중요한 가치관이나 인성을 키우는 가정교육이 소홀한 것도 부인하기 어려운 사실이다.

이는 마치 라면을 끓이면서 스프를 넣지 않는 것과 다름없다. 스프는 전체의 양은 적지만 고유의 향과 맛으로 단순한 면발을 음식으로 완성시키는 비중이 큰 역할을 하기 때문이다. 가정교육의 다른 표현은 문화와 가치관의 교육이다. 이런 교육을 제대로 받지 못한 2세들은 죽을 때까지 부모와의 관계에서 이방인으로 살 수밖에 없음은 이민 가정의 슬픈 현실이 아닐 수 없다.

유대인들이 세계 도처에 흩어져 살아도 유대인의 정체성을 유지하는 건 지속적인 가정교육 때문이며 이는 후손으로 이어지는 성공의 핵심 DNA다. 반면에 자국에서는 성공한 일본인 후세들이 이민사회에서 별반 두각을 나타내지 못하는 건 그들이 일본 정신을 이어받지 못하면서 정체성을 상실했기 때문일 것이다.

가업을 승계시킬 자녀라면 어릴 때부터 가정에서 교육을 철저히 시켜야 한다. 가족의 소중한 가치관을 공유하고 폭넓은 인간관계를 유지할 수 있는 열린 마음과 다른 사람을 존중하고 배려할 줄 아는 사람으로 지도하는 게 무엇보다 중요하다.

그리고 어떤 역경에서도 포기하지 않고 목표를 향해 전진하는 한국인의 정신을 자녀들에게 전수한다면 세계인이 존경하는 다수의 자랑스런 경영자들이 배출될 것을 믿어 의심치 않는다.

(2014. 2. 9)

조현아를 위한 변명

삼성전자가 판매중인 휴대전화의 불량률이 높다는 보고를 받은 이건희 회장은 시중에 판매한 15만 대 전부를 새 제품으로 교환해 주거나 회수하라고 지시했다. 그리고 회수한 모든 제품들을 공장 임직원들이 보는 앞에서 소각토록 했다.

그로인해 발생한 손실은 1995년 당시로서는 큰 금액인 150억 원에 달했다. 다섯 가지 모델중 네 가지는 아예 생산을 중단시키고 신제품 개발로 대체했다. 그 당시에는 손해가 막대했지만 질을 추구하는 쪽으로 사업을 추진해 나간 결과 4위에 머물렀던 시장 점유율을 3년 만에 1등으로 끌어올릴 수 있었다.

이는 이건희 회장이 그의 에세이집에서 밝힌 내용이다.

뉴욕을 출발해 인천으로 향하던 대한항공에 탑승한 이 회사 부사장은 승무원이 제공한 서비스가 회사의 매뉴얼에 맞지 않는다고 야단을

쳤다. 급기야 객실 책임자인 사무장이 달려왔지만 매뉴얼 북을 열지 못해 오히려 크게 질책만 당하고 이륙을 위해 게이트를 이미 출발한 비행기에서 내리는 사상 초유의 일이 벌어지게 된 것이다.

두 내용의 공통점은 경영을 책임지는 위치에서 자사의 품질을 높이기 위한 일련의 극단적 조치라 할 수 있다. 그러나 삼성은 고객들로부터 박수를 받고 일류회사로 도약하는 전환점이 되었지만 대한항공은 분노한 국민들의 모진 비난 속에 그동안 어렵게 쌓아올린 기업 이미지에 심각한 타격을 입었다.

언론들이 조현아에게 유리한 발언은 모두 변명이나 제 식구 감싸기로 폄하하고 불리한 증언들만 크게 보도해 대한항공 조 부사장을 여론 재판의 중심으로 내몰았기 때문이다. 이런 상황에서 조현아의 해명과 사과는 오히려 성난 민심의 역풍을 맞고 새해를 몇 시간 앞둔 구랍 구치소에 갇히는 몸이 되고 말았다.

검찰에 출두하는 그녀를 향해 퍼붓는 시민들의 인격 모독적 발언과 뒷덜미를 잡고 흔드는 야비한 모습은 흡사 6.25 때 지주들이 당했던 모습을 떠올리기에 충분했다. 그녀가 잘못을 했다면 재판 과정에서 밝혀질 일이고 결과에 따라 응분의 처벌을 받으면 되는 거지 아이들의 어머니인 여성에게 공개적으로 가한 인격 말살은 문명국에서는 결코 일어나선 안 되는 야만적이며 비열한 행동임이 분명하다.

지금 한국 국민들의 불만은 폭발 직전의 시한폭탄 같은 아슬아슬한 모습이다. 경제가 예전 같은 고속 성장은 아니어도 잘 사는 나라임이 분명하지만 국민의 행복도는 경제 성장과 반대로 낮아지고 있다. 심

지어 자신의 개인적 문제까지도 재벌과 정부 탓으로 돌리는 비이성적
현상이 늘어남은 심각한 사회문제가 아닐 수 없다.

　이는 정치 공학적 계산에만 몰두한 정치인들이 국민들의 잘못된 인
식을 바로잡거나 비판하지 못하고 상대 당이나 정권의 무능 탓으로
모든 책임을 전가시킨 학습 효과와 무관하지 않을 것이다.

　정권을 잡기 전에는 모든 국가적 과제를 한 칼에 해결하겠다고 큰
소리를 치다 권력을 쥐고 나면 문제를 구조적 모순으로 돌리고 그 중
심에 재벌들을 지목해 비난의.화살을 돌린다. 기업이나 오너의 작은
실수도 침소봉대해 언론에 흘리면 국민들이 분노하고 정부의 정책을
수긍하는 악습이 반복되는 게 한국의 현실이다.

　이러한 사회적 분위기에서 조현아는 어쩌면 가장 완벽한 희생양이

었을지도 모른다. 재벌의 딸로 태어난 덕분에 40대 나이로 세계 굴지의 항공사 부사장에 오르고 머리까지 좋아 모두가 선망하는 명문 학교도 졸업했다. 거기다 늘씬한 미모와 세련된 차림은 한국인이면 누구나 질투할 만한 완벽한 갑의 조건을 갖췄기 때문이다.

조현아나 재벌을 갑이라 하지만 세상은 복잡한 순환적 관계로 연결되어 있어 누구라도 을이 되고 갑도 될 때가 있는 것이지 갑과 을이 항상 고정돼 있는 건 아니다. 사무장에게 부사장은 갑일지 몰라도 공권력과 대중 앞에 조현아는 을 중에서도 가장 힘없는 을이었음을 우리가 똑똑히 목격하지 않았는가?

조 부사장이 처신을 잘못했음은 주지의 사실이다. 상사로서 조금만 너그럽게 직원들을 배려했었다면 이런 불상사는 발생하지 않았을 것이기 때문이다. 그러나 우리가 간과해선 안 될 것은 자사의 비행기 안에서 상사와 부하간 발생한 문제라면 특정기업의 내부문제로 볼 수 있다.

이렇게 기업내 조직에서 발생한 개인적 사안을 문제 삼아 공권력을 동원해 처벌하고 개인에게 융단 폭격식 언어폭력을 집단으로 가하는 언론이 활개치는 사회는 결코 정상이라 할 수 없다. 직원들의 인격이 존중받아야 마땅하듯 조현아의 인격도 똑같은 무게로 존중받아야 한다. 하지만 지금은 분명 그녀의 잘못보다 더 큰 무게의 처벌과 고통을 감당하고 있음이 분명하다.

사람은 누구나 살면서 실수를 범한다. 특히 40대는 열정이 큰 만큼 실수도 많이 하는 시절이다. 한 번의 실책으로 영원히 사회로부터 매도된다면 세상에 온전한 사람이 몇이나 되겠는가.

이제는 한국사회가 조현아를 용서하고 실추된 이미지를 만회할 기회를 줘야 한다. 관용이 없는 사회는 결코 강할 수 없고 건강하지도 않기 때문이다.

(2015. 2. 23)

직원들은 관리의 대상이 아니다

영화 벤허는 찰턴 헤스턴과 스티븐 보이드가 주연으로 열연했던 1959년 MGM사가 제작한 세기의 명화로 꼽힌다. 윌리암 와일러 감독이 연출한 작품으로 1950년대에 제작된 영화이지만 촬영 기법이나 배우들의 연기 등 오늘날 블록버스터 영화와 비교해도 조금도 손색없는 명작이다.

예루살렘이 로마의 지배를 받던 예수님 시대가 배경인 벤허의 명장면을 꼽으라면 단연 박진감 넘치는 전차경주 장면일 것이다. 벤허의 경쟁자인 멧살라는 출발 신호와 동시에 육중한 채찍을 가하며 무서운 속도로 말을 몰아 선두에 나섰다.

반면 벤허의 손에는 아예 채찍이 없었으며 고삐를 흔들어 말들과 교감하면서 레이스를 펼쳐 승리를 거둔다.

이는 경기가 열리기 전날 밤 마사에 찾아간 벤허가 네 마리의 말들을 일일이 쓰다듬으며 자신의 감정을 전달하고 너희는 반드시 승리할 수 있다며 격려하는 모습을 통해 예고된 장면이었다.

채찍을 맞으며 앞만 보고 달리던 멧살라의 말들이 자신의 주인이 떨어져 비참한 최후를 맞이하고 있음에도 무심하게 앞으로 내달리던 장면은 영화의 메시지가 무엇인지 강하게 전달해 준다.

기업은 목표 달성을 위한 수단으로 조직을 구성해 활동하고 있으며 각 조직의 효율을 극대화하는 것이 현대 경영의 핵심이다. 즉 조직을 구성하는 궁극적 목표는 생산성을 올리기 위한 방편인 것이다. 따라서 기업들은 조직의 주체가 되는 사람들을 효율적으로 활용하기 위한 방법을 찾는 데 늘 고심하고 있다.

그 중 보편적인 제도가 개인의 성과를 측정해 보상하는 인센티브 제도일 것이다. 미국식 관리 시스템의 대표격인 이 프로그램은 실적이 좋은 직원을 보상해 사기를 높이고 다른 사람들에게는 목표 달성의 동기를 부여하자는 긍정적 취지로 시작됐다.

그러나 인센티브 제도를 도입한 기업들이 실행 초기에는 효과를 누렸지만 지속적으로 성공한 사례는 극히 드물다. 포상 받은 소수에게는 효과적일 수 있지만 소외된 다수의 비협조로 장기적 관점에서 효율을 떨어뜨리는 부작용이 많았기 때문이다.

이는 회사의 실적은 특정한 개인의 능력보다는 협력이 더 크게 작용하기 때문에 기여도를 수치화해 모두를 만족시키는 객관적 결과를 도출해 내는 자체가 불가능함을 말해 준다.

결과적으로 인센티브 제도는 자존감과 행복을 추구하는 사람의 본질적 특성을 이해하지 못하고 눈앞의 성과에 집착한 근시안적 제도로 확인됐음이 분명하다. 사내 조직간 그리고 개인끼리 경쟁심을 유발해 단기적 효과를 낼 수 있을지는 모르나 장기적으론 내부의 적과 싸우면서 경쟁사를 이기라는 것과 다를 바 없기 때문이다.

똑똑한 부하를 견제하는 상사, 유능한 직원에게 태클을 거는 동료, 실적이 좋은 다른 부서를 시샘하는 경쟁조직 등 부작용은 실적위주의 평가와 과도한 경쟁심 유발로 야기시킨 폐단이 아닐 수 없다. 이런 환경에서 발생한 개인간 갈등은 조직에 나쁜 영향을 초래하고 애써 양성한 귀중한 인재를 경쟁사로 빼앗겨 결과적으로 회사에 큰 손실을 가져다준다.

경영의 주체가 사람이라면 구성원들의 마음가짐에 회사의 미래가 결정됨은 진리와 같다. 따라서 내부의 갈등은 보이지 않지만 자동차가 속도를 낼 때 공기의 저항처럼 기업이 추구하는 목표 달성을 방해한다. 사람에게는 자존감과 가치관이라는 영혼의 힘이 있다. 사원들을 당근과 채찍으로 관리하겠다는 생각은 이 두 가지 중요한 인간의 본성을 억누르고 창의성을 죽일 수 있는 위험성이 크다.

공산주의를 채택했던 국가들이 모두 실패한 원인은 위와 같은 인간의 기본적 특성을 외면하고 특정 체제로 국민을 관리하려고 했기 때문이 아니겠는가.

조직이라는 낡은 틀 속에 직원들을 끼워 맞추려는 기업의 미래는 어둡다. 채찍을 맞고 달리는 말에게 충성심을 기대할 수 없듯이 영혼의 힘을 잃은 직원들이 장기적 성과를 내는 건 불가능하기 때문이다.

이제부터는 구성원 스스로 일하며 성취감과 행복을 느낄 수 있는 혁신적인 기업문화를 구축한 회사가 미래의 승리자가 될 걸로 확신한다. 요즘 인문학이 경영의 화두로 떠오르는 것도 인간에 대한 깊은 이해가 더욱 중요한 시대이기 때문이다.

(2015. 3. 9)

진실과 사실의 차이

모파상의 작품 중 오치콩이라는 농부의 이야기가 있다.

어느 날 길을 걷던 오치콩은 떨어진 끈을 발견하고 그것을 주워 주머니에 넣었다. 무엇인가 주머니에 담는 모습을 본 목격자의 신고로 그는 다른 사람이 잃어버린 지갑을 편취한 죄목으로 체포돼 시장 앞에 끌려가게 된다. 그는 자신이 주운 끈을 보여주면서 결백을 호소했지만 아무도 그를 믿으려 하지 않고 돌아오는 건 냉소와 비웃음뿐이었다.

다음날 문제의 지갑이 발견돼 오치콩은 혐의를 벗었지만 잘못된 기소로 인해 받은 모욕감과 자존심의 상처로 우울한 나날을 보내며 만나는 사람 모두에게 자신의 억울함을 호소한다. 그럴수록 마음의 상처는 더욱 깊어져 결국은 병에 걸리고 죽는 순간까지도 끙끙대면서 생을 마친다는 내용이다.

다음 날 혐의를 벗고 자유의 몸이 된 사람도 이 정도인데 부당하게 옥살이를 하거나 심지어 형장의 이슬로 사라진 당사자나 그 가족들의 억울함과 분노는 오죽하겠는가.

"검사에게는 기소권이 있고 재판결과 무죄를 받는다 해도 저 피고 석에 앉은 놈은 어차피 만신창이가 되는 거지."

검사들의 이야기를 다룬 드라마 중 부장검사의 대사가 섬뜩하다.

우리가 사는 사회에는 내면적 의지인 진실과 객관적 현상인 사실이 존재한다. 오치콩이 끈을 주운 것은 진실이지만 무언가 주워 주머니에 넣은 것을 본 목격자의 증언은 객관적 사실일 수밖에 없다. 객관적 사실이란 당사자의 진실과 상관없이 삼자의 판단에 따라 정의되기 때문이다.

오늘날 법원은 객관적 판단에 의한 선의의 피해를 줄이기 위해 엄

격한 증거제도를 채택하고 있지만 현실은 확실한 범죄자를 풀어주는 어이없는 결과로 이어지기도 한다. 이처럼 선한 사람과 약자를 보호하기 위한 법이 원래 취지와는 다르게 소수의 나쁜 사람들에 의해 악용되고 있음이 엄연한 현실이며 법리의 취약점이다.

강자와 약자의 법적 정의는 없지만 부자는 가난한 사람보다 강자로 인식되고 종업원은 고용주보다 약자로 보는 것이 사회적 통념인 것이다. 그러나 누군가 약자를 보호하기 위해 만든 법 앞에 서면 강자가 약자로 바뀌는 역설은 기업이 당면한 현실이다.

이러한 법적 제도를 악용해 개인이나 기업을 무차별 공격하는 사례들이 급속히 늘어나는 추세다. 이러한 현실에도 불구하고 기업을 옥죄는 법안들은 지속적으로 추진되고 있어 경영자들의 마음을 더욱 무겁게 만든다.

최근에는 근무 스케줄을 바꾸려면 최소 2주 전에 통보해야 하는 법안이 캘리포니아 의회에서 발의되었다. 법의 취지는 충분히 이해할 수 있지만 문제는 법안을 발의한 의원이 기업을 보는 시각이다. 인터뷰 내용을 보면 마치 고용주는 종업원들을 착취만 하는 악당들이고 자신은 불쌍한 근로자들을 보호하는 수호신이라 생각하는 느낌이다.

표를 얻어야 직장을 유지하는 정치인에겐 사회의 건실한 균형보다는 다음 선거에서 당선되는 게 우선일 것이다. 그러나 그들이 간과해선 안 될 현실은 약자를 보호하기 위한 명분의 법들이 오히려 불순한 사람들을 양산해 경제를 더욱 어렵게 만든다는 사실이다.

몇 주 전 유명한 순두부 식당이 오버타임과 관련한 집단 소송으로

300만 달러를 배상하기로 합의했다는 보도가 있었다. 회사 관계자는 언론과의 통화에서 회사 차원에서는 노동법을 철저히 준수하고 있음을 분명히 밝혔지만 결국 합의를 한 것이다.

소송 진행 중 아무런 잘못이 없는 당사자가 중간에 합의를 하는 건 법률 비용이나 심리적 피곤 등 여러 이유가 있겠지만 법원 판단에 신뢰감이 낮은 것도 한 몫을 한다. 나쁜 사람이야 어차피 잃을 게 없지만 선한 사람은 혹 엉뚱한 결과로 더 큰 금전적 손실과 명예까지 잃지 않을까 염려하기 때문이다.

얼마 전 샌디에고 법원은 임신한 종업원을 차별했다며 자동차 부품 소매점인 오토존에 1억 7천 만 달러라는 거금을 원고에게 지급하라고 판결했다. 도대체 천문학적 배상금의 판단에 근거가 무엇인지 상식적으로 이해가 되지 않지만 법조계에선 이를 법리적 판단이라 설명한다. 아무리 근사하게 포장해도 법리적 판단이란 법 앞에는 진실보다 객관적 사실이 중요하다는 기술적 표현일 뿐이다.

캘리포니아에서는 불순한 생각을 가진 사람이 자신의 주장만 가지고도 기업을 괴롭힐 수 있지만 회사는 객관적 증거로 대응하지 않으면 백전백패를 면할 수 없다.

진실은 통할 것이라는 순진한 생각은 버리고 번거롭고 귀찮더라도 원칙을 지키며 꼼꼼하게 객관적 사실을 증명할 서류를 갖추는 데 게을리 해서는 안 된다. 이는 진실과 사실이 구분되는 험난한 법리시대를 헤쳐 나가기 위한 생존의 기본이 되기 때문이다.

(2015. 3. 24)

기업가 정신의 표본

쌀가게 점원으로 출발한 청년 정주영은 자동차 정비공장을 인수해 운영하다 3주만에 발생한 화재로 전 재산을 잃고 큰 빚까지 지게 됐다. 빈털터리가 된 그는 정비공장을 인수할 때 돈을 빌렸던 사채업자를 찾아가 당시로선 큰 금액인 3,500원을 다시 빌려 빈 땅에 천막을 치고 무허가 공장을 운영했다.

비록 예상치 못한 화재가 발생해 빌린 돈을 갚지 못한 상태였지만 또 찾아간 용기, 그리고 사업자금을 또 다시 빌려준 사채업자의 배짱도 대단하지만 평소 정주영이 얼마나 두터운 신용을 쌓았는지 짐작이 간다.

자동차가 귀하던 시절 경쟁업체보다 신속한 정비로 유복한 생활을 하기에 충분한 돈을 벌었지만 그는 여기서 만족하지 않았다. 자동차 수리비를 받으러 관공서에 가면 자신이 3~40만 원을 받을 때 건설업자들은 수천 만 원대 금액을 받아가는 걸 보면서 어차피 같은 시간을 쓸 바엔 매출이 큰 건설업에 진출하기로 결심한다.

부침이 심한 건설업의 특성과 인플레이션이 극심하던 전후 한국의 경제 여건에서 2~3년이 소요되는 큰 공사 수주는 여러 번의 부도 위기를 몰고 왔지만 사업은 신용이 전부라는 믿음과 특유의 뚝심으로 극복하며 현대건설을 한국 최고의 건설회사로 성장시켰다.

1973년에 닥친 오일 쇼크는 세계 경제를 큰 충격에 빠뜨리고 원유를 전량 수입에 의존하던 한국 경제는 풍전등화의 위기에 직면하고 있었다. 치솟은 오일 달러가 산유국으로 흘러들어가는 상황을 목격한 정주영 회장은 중동 진출을 결심했지만 회사내 강력한 반대에 부딪치게 된다. 그동안 현대가 수주한 해외 공사들 대부분은 막대한 손해만 보았기 때문에 이번에도 실패할 가능성이 높다는 부정적 시각이 회사 내 팽배해 있었기 때문이다.

그러나 정주영 회장은 우리가 그동안 해외 공사에서 적자를 본 건 실패가 아니라 소중한 경험을 쌓은 거다. 지금껏 공사의 적자 원인은 현지 인력을 써야 한다는 조건 때문이었지만 중동시장은 우리 인력을 데려다 쓸 수 있으니 국가 경제에도 기여하고 회사도 반드시 큰 수익을 낼 수 있다며 그들을 설득해 중동시장에 진출했다.

현대가 시공한 수많은 공사중 압권은 20세기 최대의 건설 프로젝트였던 사우디 주베일 산업 항공사였다. 최저 예정가가 15억 달러가 넘는 대규모 공사답게 세계 유수의 건설사들이 자존심을 건 입찰 경쟁에서 현대는 예상가보다 훨씬 낮은 9억 3천 만 달러에 수주해 세계 건설업계를 경악케 했다.

모두들 원가에도 미치지 못하는 덤핑 수주로 현대가 망할 것이라고 했지만 철 자켓을 울산에서 제작해 바닷길 12,000킬로미터를 끌고 가 현장에서 조립하는 대범한 발상으로 공기를 8개월이나 앞당겨 완공 시켰다. 비관론자들의 우려와 달리 당대 최대의 공사를 싼 가격으로 완벽하게 마무리해 현대를 세계적인 건설사 반열에 올려놓은 것이다.

조선업에 진출할 때도 많은 반대가 있었지만 땅위에 지으면 건설이고 물위에 띄우면 건조가 된다. 큰 물탱크에 엔진을 달아 움직이는 게 선박이니 우리가 지금까지 해 온 일들과 특별히 다를 것이 없다고 대응했다.

기후는 물론 법률과 풍습이 다른 곳에 매번 적응해야 하는 건설업의 어려움을 한 곳에서 건조해 인도하는 선박을 만들면 단번에 해소할 수 있다는 지극히 단순한 발상에서 조선업이 시작된 것이다.

그러나 대규모 자금이 소요되는 조선소 건립을 위해선 차관에 의존해야 했던 시절 돈을 빌리는 건 애초에 불가능에 가까웠다. 조선소도 없는 상태에서 선박을 먼저 수주해야 외국 은행의 차관 조건을 만족시킬 수 있었기 때문이다. 그는 여기서 물러서지 않고 조선소 착공과 선박을 동시에 건조하는 사상 초유의 발상으로 은행과 선주를 설득하여 조선소가 완공되던 날 26만 톤급 유조선 두 척을 동시에 취역시키는 기적을 현실로 만들었다.

슘페터는 꾸준한 혁신으로 이윤을 창출하는 것이 기업가 정신이라 정의했고, 피터 드러커는 포착한 기회의 위험을 무릅쓰고 사업화 하려는 모험과 도전이 기업가 정신이라 했다.

정주영 회장은 수리 경험을 살려 현대자동차를 설립하고 그의 공사판 노무자 경험이 현대건설을 만들었다. 건설에서 얻은 경험은 다시 조선으로 이어지고 이는 철강 등 또 다른 사업으로 연계 확장하는 식이다.

무엇인가 작은 가능성만 보여도 적극적으로 파고들었으며 아무리 소소한 경험이라도 적극 확대해 유사한 것은 무엇이든지 할 수 있다는 신념으로 도전했다. 어떤 사업에 진출해야 한다는 전략적 판단이 서면 아무리 불가능해 보여도 창의적 발상으로 극복해 모두 세계적 기업으로 성장시켰다.

금년은 정주영 회장의 탄생 100주년이 되는 해다. 그분의 기업가 정신을 다시 새기며 더 큰 도약의 기회를 만들어 보자.

(2015. 4. 6)

참모의 중요성

임진왜란이 발발하기 2년 전인 1590년 조선 조정은 황윤길 김성일 허성 등으로 구성한 통신사를 일본으로 보냈다.

당시 일본을 통일한 도요토미 히데요시는 자신감에 넘쳐 명나라를 정복할 야욕을 품고 있었으며 조선을 이미 일본의 속국으로 간주하고 있었다. 그의 교만은 극에 달해 선조에게 직접 일본으로 건너와 자신을 알현토록 하라고 부하들에게 지시했다. 그러나 조선 조정이 절대로 받아들일 수 없는 요구임을 알고 있던 일본 사신들의 끈질긴 중재 노력 끝에 통신사 파견으로 양국간 합의가 이루어진 것이다.

그동안 통신사 파견도 거절해 왔던 조정은 도요토미 히데요시가 어떤 인물이고 조선과 전쟁을 일으킬 것인지 이참에 정탐해 보자는 유성룡의 설득으로 선조의 승낙을 받는다. 정탐을 마치고 돌아온 정사 황윤길은 도요토미 히데요시의 눈빛이 총명해 담과 지략이 출중한 인

물로 생각되며 일본의 정세로 봐 반드시 전쟁을 일으킬 것이라고 보고했다. 그러나 부사 김성일은 도요토미 히데요시의 눈은 쥐와 같으니 결코 두려워할 인물이 아니라고 반박했다.

동인과 서인이 첨예하게 대립하던 당시 조정의 요직은 동인들이 차지하고 있었기 때문에 선조는 황윤길의 주장은 무시하고 동인 김성일의 의견을 채택하는 우를 범하고 만다.

명분상 임진왜란은 조명연합군의 승리로 끝난 전쟁이었지만 아무런 대비 없이 조선 강산에서 치뤄진 7년간의 전쟁으로 백성들이 입은 피해와 상처는 참으로 깊고도 컸다. 이는 참모 한 사람의 그릇된 편견과 판단이 얼마나 큰 불행을 가져다주는지 교훈을 주기에 충분하다.

전략 전술 참모조직 같은 군사 용어가 지금은 기업에서 사용하는 단어로 일반화됐지만 1960년대만 해도 생소한 단어들이었다. 당시 피터 드러커 교수의 저서 《성과경영》의 원제는 '비즈니스 전략'이었지만 전쟁 용어를 경영서에 도입하면 독자들이 낯설어 한다는 출판사의 설득으로 제목을 바꿨을 정도였다. 전투에서 패배는 죽음을 뜻하며 전쟁에서 지면 모든 것을 잃는다.

이렇듯 절박한 상황에 대처하는 군대의 조직과 용어들이 기업으로 옮겨간 건 그만큼 경쟁이 치열해지고 있음을 뜻한다. 그중 참모 조직의 역할은 동서고금을 막론하고 전투의 승패를 가르는 지휘관의 판단에 지대한 영향을 미쳤음은 주지의 사실이다.

따라서 어느 정도 규모를 갖춘 기업이라면 여러 분야의 전문적 지식을 갖춘 참모들이 포진해 각 조직을 이끌며 최고 경영자의 의사 결정을 돕고 있다.

이렇듯 사업의 성패에 지대한 영향을 미치는 참모를 선택하는 건 경영자의 몫이며 전적인 책임이 따른다. 맡은 분야의 전문적 식견이나 지식은 기본이지만 무엇보다 중요한 것은 바람직한 인격을 겸비한 사람이어야 한다.

경계해야 할 참모중 첫 번째는 정치적 계산에 능숙한 사람이다. 이런 부류의 사람은 대부분 학연이나 지연을 빌미로 회사 조직내 파벌을 구축해 단결을 해치고 심한 경우 갈등을 부추겨 입신의 기회를 노리는 암적인 존재다.

두 번째 인물은 눈치껏 행동하는 예스맨이다. 그들의 특징은 본질적 실력은 부족하지만 능숙한 말솜씨와 탁월한 연출로 언제나 장밋빛 미래를 제시한다. 그러나 자신과 관련한 사안이 발생하면 문제를 숨기려 하거나 책임을 다른 사람에게 전가하고 슬쩍 피하는 습성이 있다.

세 번째 멀리해야 할 사람은 관료형 참모다. 이런 권위주의 사람은 형식에 집착해 윗사람을 깍듯이 모시는 반면 자신도 부하들에게 똑같은 대우를 받고 싶어 한다. 이런 부서에 소속된 직원들은 창의성을 발휘하기 어렵고 형식에 치우친 보고나 회의로 비능률을 초래해 회사의 경쟁력을 떨어뜨리는 경우가 많다. 물론 머리 좋고 인간성 나쁜 사람은 회피 대상 0순위이기 때문에 언급하지 않았다.

이상적 참모형은 꾸준히 자신의 실력을 쌓아가면서 회사를 위해 할 말은 반드시 하는 소신형 인재다. 알면 아는 대로 모르면 모른다고 대답하는 자신감과 더불어 사심이 없으며 어려울 때 묵묵히 회사를 위해 일하는 것도 그들의 특징이다.

만약 이런 참모의 소신 발언에 기분이 상한다면 듣기 좋은 말만 선택해 들었던 선조의 참담한 실패를 기억해 보길 권한다. 나아가 참모의 넓은 의미는 자신과 관계하고 만나는 주위 사람들 모두가 포함된다. 그들을 통해 정보도 얻고 자신도 모르는 사이 영향을 받기 때문이다. 최고 경영자라면 자신이 지금 어떤 참모진과 함께하고 있는지 그리고 가까이 하는 주변인들을 한 번쯤 돌아보길 권한다.

(2015. 4. 20)

바다로 간 민물고기

반투막 구조의 피부를 가진 민물고기는 바다로 가면 몸속의 수분을 모두 빼앗겨 죽고 만다. 이는 체내 염도가 밖의 염도보다 낮아 발생하는 삼투압 현상 때문이다.

오늘날 바닷물을 정수하는 기술이나 우리 주위에서 흔히 볼 수 있는 가정용 정수기도 이런 원리로 작동된다. 이와 같은 현상을 처음으로 밝혀낸 사람은 독일의 화학자 모리츠 트라우베다. 그가 삼투압 현상을 발견한 1867년 훨씬 이전부터 우리 조상들은 이 원리를 생활에 적용하고 있었다.

김치를 담글 때 배추를 소금물에 절이면 농도 평형 때문에 저농도의 배추 세포 속 물이 고농도 소금물 쪽으로 빠져 나오면 수분이 빠진 배추는 부피가 줄어들고 부드러워진다. 그 오래 전 이런 과학적 원리를 깨닫고 생활에 적용한 우리 조상들의 지혜가 놀랍다.

지금 한국은 성완종 스캔들로 온 나라가 들썩거리고 있다. 취임한 지 석 달도 안 된 총리가 불명예로 물러나고 자신은 결코 치사한 삶을 살지 않았다고 항변하던 김기춘 전 비서실장은 이후 하나씩 밝혀진 정황들로 한풀 죽은 모습이다.

사실로 밝혀지면 목숨을 내놓겠다고 큰소리 친 총리와 메모 날짜와 자신의 출국일에 며칠 차이가 있음을 빌미로 망자의 근거 없는 모함이라 매도하던 김기춘 전 실장의 인지능력에 실소를 금할 수 없다. 그리고 죽은 자는 반박할 수 없다는 현실적 상황을 염두에 둔 그들의 처신이 치졸하기 짝이 없다.

이처럼 한국사회에서 끊이지 않고 터지는 권력형 부패사건은 정치세력인 정당이 과거의 썩은 뿌리를 잘라내지 못하고 답습해 온 숙명적 결과다. 정경유착의 부패는 정치가 사업에 직접 영향을 미치는 대표적 후진국형 비리다.

1970~80년대 최대 특혜는 은행으로부터 거액의 융자를 받는 것이었다. 돈을 빌려 땅을 사면 인플레이션으로 이자는 상계되고 자고 나면 땅값이 오르니 자금을 빌리기 위해 권력이 필요했었다. 특히 개발정보나 대규모 국책사업과 직접 연관이 있는 건설회사는 어느 권력과 결탁하는가에 사업의 성패가 달렸음은 잘 알려진 사실이 아니던가.

성완종 전 회장은 가난한 가정형편으로 초등학교 4학년을 중퇴하고 바닥부터 시작해 굴지의 건설사인 경남기업을 인수한 전형적인 자수성가형 기업인이다.

그러나 마지막 그의 모습은 마치 몸속의 수분을 완전히 빼앗긴 민물고기처럼 거덜이 났다. 짜장면 값은 물론 심지어 자신의 운명을 점치는 복채가 없어 동행한 지인이 대납을 했다니 그 절망감이 얼마나 컸을지 짐작된다.

사업에서 제법 성공했다는 사람들이 정치판에 들어갔다가 알몸으로 내던져지는 경우는 어제 오늘의 일이 아니다. 이는 그들이 활동했던 물과 농도가 다르기 때문에 오는 당연한 화학적 결과라 생각된다.

기업인이 정치판에 끼어들려는 이유는 크게 두 가지일 것이다.

첫째는 자신의 경영능력의 한계를 정치력을 이용해 극복해 보자는 얄팍한 속셈과 둘째는 사람들이 자신을 더 알아주기를 바라는 자존감 제로의 과시욕 때문일 것이다. 자존감이 높은 성공한 경영자는 자신의 모든 것이 털릴 게 뻔한 농도가 다른 물로 들어가는 어리석음을 결코 범하지 않는다.

기업인 최대의 영예는 좋은 기업을 만드는 것이다. 기업은 국가 경제의 근간이며 세수입의 중요한 축을 담당하고 있기 때문이다. 기업에서 양성된 인재들의 능력은 국가의 경쟁력과 미래로 직결된다. 따라서 훌륭한 경영자들을 배출시킨 나라의 국민들은 결코 궁핍하지 않았고 반대의 경우 복지국가는 존재하지 않았다.

나라를 지키는 전투기와 탱크, 함정도 기업에서 만든다. 인간의 생명을 지키는 의료기기나 생활에 편리함을 가져다주는 모든 제품들 역시 기업에서 연구 생산된다. 이렇듯 중요한 역할을 수행하는 경영자가 제대로 평가받지 못하는 나라는 지구상에서 한국이 유일할 것이다.

조금 살 만하면 이유를 막론하고 권력자의 치적으로 귀결되고 불황에 실업률이 올라가면 기업들이 제 밥그릇만 챙긴다고 비판하는 유일한 나라이기 때문이다.

치사한 인간들이라고 마지막까지 그토록 경멸했던 정치인이 되기위해 모든 걸 잃은 성완종 회장. 그는 스스로 더 큰 치사함의 굴레를 쓰고 비극적 방법으로 생을 마감했다. 그의 비참한 마지막 모습은 비슷한 생각을 가진 기업 경영자들에게 경고를 주기에 충분할 것이다. 국가에 세금을 내는 경영자가 그 세금으로 먹고 사는 정치인을 올려다볼 필요가 무엇인가. 제발 그가 바다로 간 마지막 민물고기가 됐으면 한다.

(2015. 5. 4)

비즈니스 컨설팅의 정의

필자가 어린 시절을 보냈던 동네 백사장에 큰 소나무 한 그루가 있었다. 앞바다에서 불어오는 시원한 바람과 나무가 만들어준 그늘은 무더운 여름철 사람들에게 편안한 휴식 장소를 제공했다. 아이들은 나무 꼭대기까지 오르기도 하고 가지에 매달린 그네를 타며 하늘을 나는 짜릿함도 즐기다 피곤하면 거기서 잠이 들기도 했다.

가끔 평화로운 분위기를 깨뜨리는 고성이 오가고 심하면 주먹다짐까지 가는 험악한 상황이 종종 발생하곤 했는데 어른들이 장기를 두다 생기는 해프닝이었다.

그리고 빈번한 다툼의 원인이 구경꾼의 훈수 때문이었음을 나중에 장기를 배우면서 알게 됐다. 한 번의 절묘한 훈수로 위기 상황에서 벗어나 전세를 뒤집는 역전의 기회를 잡기도 하고 잘못된 훈수가 우세한 판세를 위기로 몰아넣는 경우를 체험하면서 나는 그때 상황을 이해할 수 있게 되었다.

컨설팅의 사전적 의미는 자신의 전문지식을 필요로 하는 사람에게 대가를 받고 지식이나 정보를 제공하는 것이다. 의사나 변호사 그리고 회계사 같은 전문직 관련 서비스가 전통적 컨설팅 비즈니스의 대표적 직업이라 할 수 있다. 이렇듯 컨설팅 사업은 특정한 분야를 전공하고 공인된 기관에서 인정하는 자격을 갖춘 사람들이 담당했던 서비스 영역이다.

이런 컨설팅 서비스가 경영에 본격적으로 도입된 시기는 기업의 규모가 커지고 다양한 업종으로 진출하던 1970년대부터로 생각된다. 앞서 언급한 전문가들은 공인된 자격과 일반인보다 탁월한 지식을 겸비하고 있어 의문의 여지가 없겠지만 기업의 경우는 사정이 다르다. 아무리 유능한 컨설턴트라 해도 자기 분야의 전문지식과 경험으로 무장한 기업의 담당자보다 더 많이 알 수 없으며, 특히 해당 기업만 놓고 본다면 경영진과 실무자들의 업무지식보다 부족한 경우가 대부분이기 때문이다.

따라서 컨설턴트는 회사가 가지고 있는 장단점과 경영 환경을 분석해 의사 결정을 돕거나 경쟁에서 이길 수 있는 방법을 객관적 시각으로 조언할 뿐 결정과 실행은 경영진의 몫이다.

결과적으로 기업 컨설팅의 일반적 정의는 기업에 필요한 전문지식을 제공하는 게 목적이 아니라 다양한 지식과 통찰력으로 일종의 훈수를 하는 것이다. 즉 훈수는 꼭 장기를 더 잘 둬서 하는 게 아니라 객관적으로 판단해 플레이어가 보지 못한 부분을 알려주는 것이 핵심이다.

　기업 경영은 자신이 만든 지도에 의지하여 미지의 세계를 여행하는 것과 다를 바 없다. 확신을 갖고 앞으로 나가지만 낯선 지형을 만나거나 눈보라를 겪으면 자신감이 떨어지고 방향 감각도 흔들린다. 이럴 때 자신이 목적한 방향으로 가고 있는지 다른 전문가의 객관적 확인이 필요한 시점이다. 인간의 인지 능력은 본질적으로 불완전함으로 사람의 상황판단은 완벽하지 못하고 왜곡될 가능성이 농후하기 때문이다.

　우리의 두뇌는 경험하고 있는 상황의 원인보다 자신이 느끼는 감정과 현상을 통해 정보를 처리하는 경향이 높다. 따라서 자신의 문제를 객관적으로 보려면 이해하려는 대상에서 완벽하게 분리된 독립적 관찰자가 되어야 하지만 그것이 말처럼 쉽지 않다.

　권투 경기를 보면 상대와 격렬하게 싸우고 돌아온 선수에게 트레이너가 다음 회전에 대비한 지시를 열심히 하는 것도 이런 맥락이다. 싸우는 실력은 선수가 월등히 낫지만 지켜보는 트레이너가 더 객관적 판단을 할 수 있기 때문이다.

미주 한인 비즈니스 역사도 50년이 넘었고 여러 분야에 걸쳐 큰 회사로 성장한 기업도 많이 배출됐다. 그러나 우리가 가진 역량과 헌신한 시간을 따져보면 결코 만족할 만한 결과는 아니라 생각한다. 그나마 길어야 15년 후면 지금 활동중인 창업 1세대들 대부분은 은퇴를 하게 된다.

향후 한인기업들이 지속적으로 성장하기 위해선 젊은 세대들에게 창업세대의 경험과 철학을 전수하는 게 중요하다.

그러나 이는 개인이나 어떤 단체가 산발적으로 실시한 프로그램만으로 달성하기엔 어려운 과제다. 지금처럼 변화가 빠른 글로벌 경쟁시대에 미래를 예측하고 대비할 수 있도록 개별사업에 지속적인 서비스를 제공할 한인 컨설팅 회사가 필요한 이유다.

한국인의 특성과 정서를 완벽하게 이해하는 사람만이 한인기업의 전략 수립을 돕고 상황에 따른 대책을 세우도록 도움을 줄 수 있다고 믿기 때문이다.

지금은 앞만 보고 달려서 일등하는 시대가 아니다. 사방을 주시하고 뛰어야 살아남는 세상이 되었다. 내가 보지 못한 부분을 살펴주는 제3의 눈, 전문적 컨설팅이 더욱 필요한 이유다.

(2015. 5. 18)

절대 우위를 추구하라

　야구는 미국의 3대 인기 프로스포츠 중 하나지만 나는 그다지 야구를 좋아하지 않는다. 단체경기라 하기엔 무안할 정도로 투수 한 사람의 비중이 매우 크고 그날 운에 승패가 좌우되는 경우가 많은 이유다. 그럼에도 불구하고 월드 시리즈만큼은 빼놓지 않고 보는데 단기전의 특성상 팀 전력보다 감독의 작전능력이 큰 비중을 차지하는 경우가 많기 때문이다.

　단순히 게임을 보는 것보다 스스로 특정팀 감독이 되어 경기를 운영하는 스릴을 즐기면서 전문가들의 판단도 적잖은 오류가 있음을 알게 된다. 그중 방문팀이 홈팀의 에이스에 맞서 제1선발로 맞불을 놓는 건 이해하기 어려운 작전중 하나다.

　필자가 원정팀 감독이라면 5선발로 첫 게임을 치루고 다음날 에이스를 투입해 확실한 승리를 거두는 1승 1패 전략이 효과적이라 생각하기 때문이다. 물론 비전문가로서 터무니없는 주장일 수 있지만 어떤 상황에서도 최악의 경우는 피해야 한다는 경영자의 절박감에서 오는 습관의 발로일 것이다. 게임은 오늘 패해도 다음 기회가 있지만 사업은 한 번 실패하면 다시 기회를 잡기 어렵기 때문이다.

"국가간 교역에서 자국의 경쟁력 있는 상품을 수출하고 생산성이 떨어지는 물품을 수입하면 상호간 유익한 결과를 가져다준다."

이는 경제학자 아담 스미스가 주장하는 절대 우위론의 핵심이다. 그러나 당사국간 수출입 상품의 부가가치와 양에서 균형이 맞지 않으면 어느 한쪽은 반드시 손해를 보는 제로섬 게임이 되는 것이 현실적 문제다. 상호간 유익함을 전제한 국가간 무역도 절대 우위를 차지하는 상품이 많은 나라가 결과적으로 이득을 취하는 현실에서 적대적 경쟁을 펼치는 기업의 절대 우위는 생존과 번영의 필수라 할 수 있다. 다소의 손해가 발생해도 무역이라는 수단을 통해 새로운 부가가치를 창출할 수 있는 국가적 경제 논리가 기업간 경쟁에선 적용되지 않기 때문이다.

1980년대 들어 빠르게 진행되던 기업들의 사업 다각화 전략이 근래 극심한 장기 불황을 거치며 절대 우위를 추구하는 방향으로 돌아가는 추세다. 스웨덴의 사브는 아예 자동차사업을 접었고 볼보는 덩치가 큰 승용차 부분을 매각하고 경쟁력 있는 트럭 부분만 남겼다.

미국의 대표적 제조업체인 GE도 본업에 충실하기 위해 주변 사업에서 철수를 선언했으며 한국의 삼성과 포스코도 그동안 추구했던 다각화에서 절대 우위 사업 중심으로 재편하고 있는 모습이다.

경제가 성장하는 시기에는 사업 다각화가 멀티플 증가효과를 가져오지만 지금 같은 공급이 넘치는 저성장기 환경에선 경쟁력이 떨어지는 아이템이나 사업은 주력 업종까지 약화시키는 썩은 사과로 바뀔 수 있기 때문이다.

기업 성장이 정체되면 대부분의 경영자는 손쉬운 방법인 주변 영역으로 진출하고 싶은 유혹을 받는다. 그러나 주변사업 확장을 통한 핵심사업 강화가 전제되지 않으면 자원분산과 비용 증가로 본업의 경쟁력이 악화되는 역풍을 맞을 수 있어 세심한 주의가 필요하다.

샐러리맨으로 시작해 굴지의 기업을 구축하며 승승장구하던 웅진그룹과 STX도 지나친 다각화로 실패의 쓴맛을 경험한 사례다. 또한 공구부터 자동차 수리와 보험판매까지 시도하다 초라한 신세로 전락한 시어스 백화점의 실패는 경영자들에게 주변 영역 확장의 정의가 무엇인지 깊은 고민을 요구한다.

반대로 경쟁력이 떨어진 사업이나 아이템들을 과감하게 정리하고 절대 우위 사업으로 재편한 일본 전자기업들의 최근 실적 향상은 향후 기업들의 전략 수립에 중요한 요소로 삼기에 충분하다.

히타치는 삼성과 경쟁에서 밀리는 반도체, 디스플레이, TV 사업들을 미련 없이 정리하고 IT시스템과 전력 등 사회 인프라 구축 전문으로 변신해 금년 6,500억 엔의 큰 수익을 예상하고 있다.

경쟁력 약화로 흔들리던 소니와 미쓰비시, 파나소닉 역시 같은 전략으로 빠르게 회생하고 있음은 절대 우위의 중요성을 실증해 보이는 사례들로 손색이 없다. 이는 기존의 사업 방식을 고집해 온 샤프가 지난 4년간 무려 1조 1000억 엔의 천문학적 적자를 견디지 못하고 직원의 10%를 감원한다는 발표와 큰 대조를 이루기 때문이다.

절대 우위 추구는 결코 큰 기업에 국한된 과제가 아니라 작은 기업일수록 생존과 성장에서 필수 전략임을 잊어선 안 된다. 거대기업 맥도날드가 실적 부진으로 고전하고 있는 환경에서 소수 아이템만 집중해 큰 성공을 거두고 있는 인앤 아웃 버거의 사례는 절대 우위 전략의 중요성을 깨닫게 해 준다.

(2015. 6. 8)

악마의 유혹

스탈린이 정권을 장악한 소비에트연방 고스플란의 사무실에서 통계실장을 뽑는 면접이 열리고 있었다. 면접관들이 첫 번째 후보자에게 질문을 하자 후보가 자신 있게 대답한다.

"동지, 2+2의 답이 무엇이요?"

"5입니다."

면접관중 가장 높은 간부가 너그러운 미소를 지으며 말한다.

"동지, 혁명적 열정은 높이 사오만, 이 자리는 셈을 할 줄 아는 사람이 필요하오."

두 번째 후보는 3이라고 답변했다.

가장 나이 어린 면접관이 벌떡 일어나 소리쳤다.

"저놈을 당장 체포하라! 감히 혁명의 성과를 깎아내리다니!"

그 후보는 경비병에게 끌려 나갔다. 같은 질문을 받은 세 번째 후보는 "물론 4입니다"라고 답변했다. 답변을 듣고 있던 면접관중 가장 학자 티가 나는 간부가 형식 논리에 집착하는 부르주아적 과학의 한계와 문제점을 언급하며 따끔하게 훈계했다.

다음 네 번째 후보가 대답했다.

"몇이길 원하십니까?"

면접관들의 얼굴에 만족한 미소가 흘렀다.

"당신이 바로 우리가 찾고 있는 적임자요!"

고스플란은 소비에트연방 경제를 관장하는 최고기관이지만 감시와 견제 기능이 작동하지 않는 일당 체제의 통계는 믿을 수 없다고 비꼬는 장하준 교수의 저서 '경제학 강의'에 실린 조크다.

국가나 기업은 활동 결과를 집계해 매분기마다 숫자로 발표한다. 특히 기업이 작성한 재무제표는 대출 은행이나 투자자들의 의사 결정에 절대적 영향을 미치기 때문에 100% 정확하게 기재하지 않으면 안 된다. 그러나 기업을 운영하다 보면 늘 실적이 좋을 수만 없다. 예상치 못한 경쟁자의 출현이나 기타 경영환경 변화로 실적이 나빠지는 경우가 발생하기 마련이다. 투자자나 대출 은행으로부터 매분기마다 평가를 받아야 하는 CEO는 이럴 때 못난 부분을 더 예쁘게 꾸미고 싶은 분식의 유혹을 받는다. 숫자 몇 개만 바꾸면 못난이가 예쁜 공주로 변신하기 때문에 그 유혹을 뿌리치기가 결코 쉽지 않을 것이다.

2001년 5월 비즈니스 위크는 '숫자놀음'(The Numbers Game)이라는 기사에서 특정 기업들이 일반회계 원칙인(GAAP)을 무시하고 자의적 회계방식을 적용해 이해 당사자들을 기만하고 있다고 보도했다.

같은 해 분식회계로 투자자들을 속이다 몰락한 엔론은 위장회사를 설립하여 허위 거래로 매출과 이익을 조작해 투자자들에게 수백 억 달러에 달하는 막대한 피해를 입혔다.

통신회사인 글로벌 크로싱과 미디어 그룹인 델피아 등 수십 개의 상장회사들도 발각된 부정회계 때문에 차례로 몰락하고 경영진은 지금도 감옥에 갇혀 있다. 이러한 대규모 부정행위가 가능했던 배경은 경영진의 막강한 권한을 무시하지 못하는 관련 직원들과 자사의 수익과 직결된 회계 법인의 이해관계 때문이었다.

이러한 문제점을 방지해 투자자를 보호하기 위한 법이 발의자인 샤베인스 상원의원과 옥슬리 하원의원의 이름을 딴 샤베인스-옥슬리 법이다. 이 법은 회계 법인이 감사 업무와 경영 자문을 동시에 할 수 없도록 명시해 회계의 신뢰성을 높이는 계기가 됐다.

자본주의 경제는 신용을 기반으로 돌아가며 대부분의 거래는 이를 근거로 이뤄진다. 신뢰가 신용을 창출하고 다시 신뢰가 커가는 선순환 과정을 거치면서 경제의 규모가 커지는 구조다. 따라서 자본주의 경제 시스템은 신뢰가 무너지면 참여자 모두가 공멸하는 치명적 약점을 가지고 있다. 은행을 믿지 못한 고객들이 동시에 예금을 인출한다면 어떤 은행도 견디지 못하며 반대로 은행이 모든 대출을 일시에 회수해 가면 버틸 수 있는 기업도 존재하지 않기 때문이다.

2007년 금융위기의 본질도 신뢰에 작은 금이 가면서 확대된 것이다. 은행들이 속절없이 망해가는 와중에 감독 당국의 더욱 엄격한 규제는 타는 불에 기름을 붓는 격이었다. 언뜻 납득하기 어려운 조처지만 국민들로부터 은행의 신뢰를 잃지 않도록 하는 게 무엇보다 우선했기 때문이었다. FRB가 파격적으로 금리를 낮추고 양적 완화를 통해 자금을 무제한적 시장에 공급하는 것도 특정 은행이나 기업을 돕기 위함이 아니라 자본주의 근간인 신용기반이 무너지는 걸 방지하기 위한 부득이한 조처일 뿐이다. 기업의 재무제표는 그 회사의 건강 상태를 보여주는 바로미터이며 신용사회의 기초가 된다.

조작된 숫자를 기반으로 경영을 하는 건 고장 난 계기를 보면서 비행기를 운항하는 것과 다름없는 뻔한 결과를 가져온다. 현실이 아무리 어려워도 결코 악마의 달콤한 유혹에 넘어가선 안 된다. 정직한 회계는 강한 기업의 기초이며 완성이기 때문이다.

(2015. 6. 22)

마음을 맑게 하라

노나라에 왕태라는 학자가 있었다. 그는 형벌로 발뒤꿈치를 절단당한 불구의 몸이었으나 공자와 버금가는 많은 제자들을 가르치고 있었다. 이것을 본 공자의 제자가 불만스럽다는 듯 이유를 물었다.

"스승님 저 사람은 특출한 학식도 없는 전과자임에도 불구하고 왜 많은 사람들로부터 존경을 받고 있습니까?"

이에 공자는, "사람은 흐르는 물로 거울을 삼지 않고 머물러 있는 물로 거울을 삼는다." 왕태의 마음이 고여 있는 물처럼 맑고 고요하기 때문에 사람들이 그를 거울삼아 모여들고 있는 것이다.

장자의 '덕충부'에 나오는 고사성어 '명경지수'는 사람과의 관계에서 겉모습보다 내면의 경지가 중요함을 일깨워 준다.

인간의 본성을 논할 때 선한 성품을 갖고 태어났으나 환경에 의해 점차 악하게 변한다는 맹자의 성선설과 악하게 태어났으나 교육과 경험으로 점차 선해진다는 순자의 성악설이 있다. 상반된 주장처럼 보이지만 결과적으로 두 이론은 보완적 관계에 있다. 인간의 성품은 생물학적 요소와 교육적 환경이 결합된 노력의 결과임을 공통적으로 설명하고 있기 때문이다.

주위를 돌아보면 좋은 환경에서 태어나 많은 지식을 쌓았지만 주위로부터 신뢰를 잃은 인사들이 있는 반면 열악한 환경에서 성장해 부족한 학식에도 불구하고 다른 사람에게 존경받는 사람도 있다. 이는 주위로부터 신망과 존경을 받는 건 능력이나 지식의 크기에 있지 않고 내면의 세계 즉 마음 쓰임이에 달렸음을 말해 준다.

기업은 경쟁을 통해서 이익을 창출하고 경영자는 이를 분배하는 정점에 있다. 수익을 추구하는 상거래에서 자신의 이익을 더 챙기고 싶은 건 인지상정이다. 따라서 처음엔 공정하고 투명했던 사람도 같은 업무를 반복하면서 자신도 모르게 마음이 흐려질 가능성이 높아지기 마련이다. 이럴 때 자신의 마음이 흔들리지 않도록 각고의 노력을 기울이지 않으면 쉽게 오염되는 게 인간이다.

사람이 신뢰를 잃는 건 처음부터 큰 잘못이나 부정을 저질러서가 아니라 작은 욕심으로부터 시작된다. 물욕이 커지면 마음이 탁해지고 행동은 치사해질 수밖에 없다. 다른 사람에게 대접 받기는 좋아하지만 궂은일엔 뒤로 몸을 숨기며 인색하기 그지없는 행동을 보인다.

이런 사람은 유독 비밀이 많고 다른 사람의 정보 수집엔 열심이지만 정작 자신의 속내는 드러내지 않는 특징을 가지고 있다. 이렇게 무엇을 생각하는지 가늠하기 어려운 속이 탁한 사람과 관계를 갖고 싶

어 하는 사람은 아무도 없을 것이다.

따라서 튼튼한 회사를 만들고 싶다면 먼저 자신의 마음을 맑게 하여 좋은 사람들이 모이도록 해야 함은 당연한 이치다. 사회적 기업을 추구하는 존경받는 회사들이 구성원들의 정직한 마음을 핵심 가치로 삼는 것도 모두 이 때문이 아닐까 생각된다.

"귀관이 지휘하는 부대에 고지를 탈환하라는 명령이 떨어졌다. 적진의 상황을 모르는 귀관은 어떻게 하겠는가?"

"적진의 상황은 모르겠다. 앞으로 돌격하라!"

"왜 그런가?"

그의 답은 명료했다.

"부하들을 속여선 안 되기 때문입니다."

초기 일본 군대의 유명했던 육군 대장이 사관학교 면접 때 보여줬던 용기와 자신감은 그의 순수하고 맑은 마음에서 비롯됐음은 의심의 여지가 없다. 부하들의 마음을 얻지 못한 지휘관은 결코 최후의 승자가 되지 못한다.

자신의 인격이 아닌 지위로 조직을 움직이는 경영자도 마찬가지다. 존경을 받지 못하는 리더의 부하들은 자신이 금력에 굴복 당하고 있다는 자괴감으로 기회가 오면 언제든 회사를 떠나기 때문이다.

성공한 기업인들의 본질적 특징을 살펴보면 의외로 여리고 순수한 마음의 소유자가 많이 있다. 어쩔 수 없는 상황에서 직원을 내보내야 할 때도 돌아서 눈물을 훔치는 게 이들의 심성이다. 누군가를 질책했을 때에도 상대의 심정을 헤아려 미안한 마음을 떨치지 못하는 고운 심성을 가진 사람이라야 진정한 리더의 자질을 갖췄다 할 수 있다.

비가 내리지 않는 하늘이 없듯 세상에 마음 상하는 일을 피할 수 있는 사람도 없다. 특히 경영자는 마음을 다치기 쉬운 환경에 노출되어 있으며 이는 피할 수 없는 숙명이다. 상처를 자주 당하면 내성이 생겨 더 강해질 것 같지만 실상은 반대의 경우가 많다.

이럴 때 상황을 회피하거나 자신의 마음을 탁하게 만들어 대응하는 건 바른 방법이 아니다. 이럴수록 자신의 마음을 더 맑고 투명하게 정화시켜야 한다. 행동은 마음으로부터 시작되며 리더의 태도는 조직원들의 표준이 되기 때문이다.

(2015. 7. 13)

금리 변동과 경영여건 변화

"금리가 과열 단계를 넘어 A국면에 이르면 (서서히 경기 연착륙, 경착륙에 대한 논쟁이 붙기 시작하고 장기 금리가 하락하게 된다) 통화 당국은 금리 인하를 고려하기 시작하지만, 이때 예금에 투자된 자금들은 가장 안전한 투자처를 잃어버린다. 이렇게 되면 예금은 다른 안전 자산인 금리 변동에 영향을 받지 않는 B지점 채권에 투자하게 된다. 그러나 금리 하락이 가속화 돼 균형 금리를 지나 C지점에 도달하면 자금들이 부동산으로 이동하기 시작한다. 그동안 불경기로 부동산 값이 많이 하락해 임대 수입이 이자율보다 월등히 높기 때문이다. 금리가 바닥권인 D지점에 들어가면 경기는 더욱 과열되고 부동산으로 몰리는 자금들로 실물 자산에 거품이 끼기 시작한다. 이 시점에서 통화 당국은 인플레이션을 막기 위해 금리를 올리기 시작하는 E지점이 시작되면 부동산에 몰렸던 자금들이 시세 차익을 실현한 후 낮은 금리와 호경기로 실적이 좋은 주식시장으로 자금이 이동한다. 주식시장에 몰려든 자금으로 주식 값과 금리가 정점에 도달하기 전 지점인 F에 도달하면 주식을 매도하고 다시 자금을 A예금으로 이동시킨다."

위 설명은 한국의 어느 의사가 자신의 저서 '부자경제학'에 유럽의 전설적인 투자가 코스톨라니의 달걀모형 투자 이론을 설명한 내용을 요약해 옮긴 것이다.

경제학에 관심이 있는 독자들이라면 저자가 코스톨라니의 금리 변화에 따른 자산이동 이론을 설명하면서 심각한 오류를 범하고 있음을 충분히 인식했을 것이다.

특화된 투자 전문가의 견해는 어떨지 몰라도 경제의 기본 상식을 이해하는 수준이라면 금리가 A에서 B로 이동하는 배경 설명은 도무지 납득이 안 되는 아리송한 주장이다. 이는 저자가 경제학의 기초를 이해하지 못한 상태에서 달걀모형 이론을 억지로 설명하고 있다는 인식을 피하기 어렵다.

금리가 과열이라는 용어 선택도 맞지 않고 통화당국이란 표현도 적절치 않다. 경제학 용어에 경기 과열은 있어도 금리 과열이란 말은 들어본 적이 없으며 금리를 결정하는 건 각국 중앙은행의 판단이지 통화 당국이 아니다.

더구나 금리가 정점인 A지점에서도 경기가 과열돼 연착륙과 경착륙을 고민하는 중앙은행이 금리를 인하한다는 건 소방차가 물 대신 기름을 뿌리는 행위와 다름없기 때문이다.

금리는 해당 국가의 경기를 가늠하는 가장 우선적 지표가 된다. 경기가 과열되면 급격한 인플레이션을 유발할 위험이 있기 때문에 중앙은행은 이를 막기 위한 수준까지 금리 인상을 멈추지 않는다. 반대로 감당하기 어려운 수준까지 인상된 금리로 시장이 냉각되면 불경기가 시작되고 이는 자산 가격 하락과 실업률을 높여 디플레이션을 우려하게 된다.

이런 경우 다시 금리를 낮춰 경기를 부양하는 금융 정책을 쓰게 되므로 흔히 말하는 경기 사이클이 형성되는 것이다. 즉 금리가 높은 수준을 유지하면 대체로 경기가 좋다는 의미지만 낮은 금리는 반대의 경우로 해석하면 된다.

미국은 금융위기 직후인 2008년 12월부터 시작된 제로 수준의 기준 금리가 역사상 최장기간 유지되고 있다. 뿐만 아니라 이미 공개 시장의 인위적 조작을 통해 천문학적 양적완화를 실시했음에도 연준이 목표한 2% 인플레이션에 도달하지 못하고 있음은 미국이 얼마나 심각한 불황을 겪고 있는지 설명해 준다.

이런 상황에서 옐런 연준 의장은 하원 금융위원회 출석에 앞서 발표한 성명을 통해 올해 안에 기준금리 인상을 시작하겠다는 의지를 분명히 했다.

이는 그동안 경기 부양을 위해 가능한 모든 수단을 동원한 FRB가 또 다른 위기가 닥쳤을 때 더 이상 사용할 카드가 없는 지금의 상황을 더 큰 위기로 인식하고 있기 때문일 것이다.

경제가 성장하는 시기에는 금리가 후행하며 속도를 조절하지만 지금 같은 저성장시대에는 금리가 선행하며 경기를 부양하는 형태를 보인다. 따라서 경제가 확실한 회복신호를 보이지 않는 현재 상황에서 금리 인상은 기업에 큰 부담이 될 건 자명한 사실이다.

이자율이 낮다고 하지만 상대적 의미일 뿐 현실은 꼭 그렇지 않다. 지금 기업이 부담하는 4% 내외 조달 비용은 균형 금리와 영업 이익을 대입해 계산하면 결코 낮은 수준이 아니기 때문이다.

급격한 금리 인상은 없을 거라 했지만 기업은 언제나 '유비무환'의 자세로 최악의 경우를 대비할 필요가 있다.

(2015. 7. 27)

동업으로 성공하려면

이민 20년차인 A씨는 동창들 모임에서 최근에 이주해 온 고교시절 같은 반 친구 B씨를 만났다. 학창시절 절친한 사이는 아니었으나 둘은 급속도로 가까워지고 부인과 자녀들도 친하게 지내는 관계로 발전했다.

위험한 지역에서 리쿠어 스토어를 운영하던 A씨와 한국에서 식당 경험이 있는 B씨는 의기투합해 동업으로 식당을 인수했다. 처음 몇 개월은 리모델링과 새로운 메뉴 개발 등, 미래의 희망으로 부풀었지만 영업을 시작하면서 서서히 문제가 생겨나기 시작했다.

첫째는 수입의 만족도에서 심각한 불균형이 발생했다. 집을 소유하고 있는 A씨는 최소 1만 2천 달러의 수입이 필요했지만 B씨는 절반도 안 되는 4천 달러면 충분했다. 월 평균 수익 1만 8천 달러를 나누면 B씨는 저축도 가능한 여유 있는 금액이지만 A씨에게는 3천 달러의 적자가 발생해 동업자간 성공과 실패의 판이한 결과가 나왔기 때문이다.

다음은 이민 20년 간격의 두 사람이 문화적 정서적 이질감으로 사소한 감정의 골이 생기더니 어느덧 껄끄러운 사이로 변해간다.

세 번째 문제는 홀에서 서빙하는 두 와이프간 감정적 차이에서 나타났다. 더운 주방에서 힘겨운 노동을 하는 자기 남편이 더 고생한다고 믿는 B씨 아내와 반대로 A씨 아내는 손님들의 컴플레인을 들어가며 종업원 관리 등 잡다한 업무를 처리하느라 동분서주하는 자기 남편이 더 희생한다고 불만이다.

동업의 정의는 두 사람 이상이 투자해 공동으로 운영하고 책임도 함께 지는 것을 의미한다. 이는 경제적 부담을 줄이면서 자신의 능력이 미치지 못하는 큰 사업을 바로 시작할 수 있어 시간을 단축하는 효과가 있다. 무엇보다 서로의 장점을 살려 시너지 효과를 창출하면 성공 가능성이 높아지고 힘을 합치면 혼자서 극복하기 힘든 사안도 거뜬히 넘길 수 있어 유리하다. 실패할 경우도 개인의 피해를 최소화해 재기가 용이하게 하는데 이것이야말로 동업이 가져다주는 장점중 하나일 것이다. 그럼에도 불구하고 동업으로 성공하는 경우가 드물고 많은 부정적인 결과들만 주위에서 보고 듣는다. 그래서 그런지 한국인들의 인식 속에 동업=실패라는 등식이 강하게 자리 잡고 있는 것이 현실이다.

실패에는 많은 원인이 있겠지만 위 사례에서 보았듯이 수입의 불균형과 가치관의 차이, 그리고 주변 사람들의 감정적 인식 차에서 기인하는 경우가 많다.

결과적으로 동업은 사업의 본질보다 참여자들의 감정 변수가 성패에 큰 영향을 미치고 있음을 말해 준다. 이러한 리스크를 최소화하려면 동업의 목적이 수익을 더 얻기 위함인지 아니면 일자리가 필요한 것인지 처음부터 분명히 해야 한다.

동업의 취약점은 의사 결정의 주체가 여럿이라 빠르고 합리적인 결정을 내리기 어렵다는 것이다. 또한 초기의 어려움을 극복하고 사업이 잘 되면 이익을 더 많이 차지하거나 서로 주도권을 잡으려는 동업자간 갈등으로 회사가 무너지는 경우도 많이 있다. 이는 감정의 동물인 인간이 언제나 이성적 판단을 유지할 수 없음을 극명하게 보여주는 것이다.

이렇듯 시시각각 마음이 바뀔 수 있고 사정에 따라 입장도 바꾸는 인간의 결점을 보완하기 위해 만든 제도가 주식회사법이다. 사업의 성격과 형태, 그리고 각 사정에 따라 선택할 수 있는 이 제도는 동업의 장점을 살리면서 부정적 요소를 최소화하기 위한 법적 장치다.

변호사나 의사, 회계사 등 다른 사람이 대신하기 어려운 전문 직종은 참여자가 많을수록 경제적으로 플러스(+) 효과를 가져오지만 일반 사업은 반대의 결과가 나오는 경우가 많다. 라이선스가 반드시 필요한 전문직은 사람 수만큼 자동차 대수가 늘어 생산유발 효과를 내지만 일반 사업은 트럭 한 대를 가지고 핸들과 브레이크 그리고 액셀러레이터를 억지로 나눠서 운전하는 꼴이 되어 효율이 떨어지고 오히려 사고의 위험성만 높이는 결과를 가져온다.

요즘 A씨는 주방을 맡고 있는 B씨의 요리 실력이 부족해 더 이상 매상이 오르지 않는다고 불만이고, B씨는 A씨의 고객관리 능력이 미흡하다고 느낀다. 분명한 것은 A씨와 B씨가 가져가는 수입의 절반이면 그들보다 능력이 뛰어난 셰프나 홀 매니저를 고용할 수 있다는 사실이다. 그럼에도 불구하고 파트너를 해고할 수 없어 불편한 동거를 지속할 수밖에 없음이 이들 동업의 한계인 것이다.

한인들이 동업으로 성공한 대표적 분야는 부동산과 은행이다. 두 업종 모두 특성상 투자만 하고 같이 일할 필요가 없기 때문일 것이다. 이는 동업으로 성공하고 싶다면 함께 일하는 것보다 주식회사 제도를 적극 활용하는 게 바람직하다는 지침으로 삼기에 충분하다.

(2015. 8. 10)

스스로를 경계하라

사업을 시작한 지 5년쯤 되던 해 어느 잡지사의 인터뷰 요청을 받고 짬을 내 자동차로 이동중이었다. 초창기라 여전히 난제들이 산적해 있었지만 그래도 조금 더 노력하면 성공할 수 있다는 확신과 자신감도 넘쳤던 시기다. 동행하던 직원이 무겁게 입을 열었다.

"사장님께 한 가지 충언을 드리겠습니다. 사장님의 실력과 잠재력은 지금 추진중인 꿈을 이루기에 충분하다고 생각합니다. 앞으로 회사가 발전하면 각종 매체로부터 인터뷰 요청과 강연 등 외부 행사에 많은 초청을 받게 될 겁니다. 이럴 때 자신을 더욱 조심하고 스스로 경계해야 합니다. 과다한 외부 활동은 사업에 집중력을 잃게 하고 조직원들에게 불안감을 줄 수 있습니다. 제가 전 회사에 근무할 때 여러 협력회사들과 거래하면서 실패하는 회사의 특징을 관찰해 본 적 있습니다. 망해가는 회사를 방문해 보면 기업 규모에 어울리지 않는 조직과 높은 직급의 직원들이 많았습니다. 사무실은 화려하고 외부 활동으로 받은 각종 상패와 유명 인사들과 찍은 사진들로 벽을 장식하고 있는 경우도 흔했습니다. 기술 개발이나 핵심 역량을 개선해 경쟁력을 키우기보다는 인맥을 이용하려는 경향이 큰 것도 실패하는 회사들의 공통점이었습니다. 무엇보다 불필요한 외부 활동중 발생한 부적절한 관계로 오너의 사생활이 문란해지면 망하지 않는 회사가 없었습니다."

얼마 전 한국의 여성 경영인 인터뷰 기사를 읽었다. 한때 승승장구하던 회사가 부실해진 원인이 방송 출연과 강연 등 자신의 외부 활동으로 업무에 집중하지 못해 시작됐다는 반성의 내용도 있었다.

평범한 주부였던 그녀는 가사 생활을 통해 얻은 아이디어를 사업화해 성공한 이력으로 언론의 집중적인 조명을 받았다. 각종 매체들은 앞 다퉈 그녀의 인터뷰 기사를 실었고 이 여성 사업가는 방송 출연과 강연 등으로 바쁜 날들을 보냈던 것이다.

그러는 사이 유사 제품을 만드는 경쟁사의 난립으로 가격 경쟁은 더욱 치열해졌으며 이를 타개하기 위한 신제품들을 개발했지만 성과를 내지 못했다. 급기야 매출이 급감하더니 잘 나가던 회사가 적자로 돌아서 돌파구를 마련하기 위해 투자사를 물색했지만 결렬되었다는 내용이었다.

다른 사람들로부터 능력을 인정받고 칭찬을 듣고 싶어 하는 건 인간의 본능이라 할 수 있다. 이러한 욕구는 자신을 발전시키고 새로운 도전의 원동력이 되는 것도 사실이다. 그러나 기업인의 지나친 외부 활동이나 과도한 언론 노출은 자기 자랑으로 비쳐질 가능성이 높아 장기적 관점에선 부정적 결과를 가져다주는 경우가 많다.

자사의 상품이나 서비스가 고객들로부터 사랑을 받는 건 바람직하지만 경영자 자신을 대중에게 알리고 싶어 하는 건 매우 위험한 일이다. 요즘 같은 소셜미디어 시대에 자신의 실수나 사람들의 오해로 부정적 소문이 확산되면 순식간에 회사의 이미지가 타격을 받을 수 있기 때문이다.

황토팩 제품을 출시해 성공했다고 알려진 연예인 사업가가 잠깐의 부정적 소문으로 하루아침에 문을 닫았던 경우는 좋은 사례라 할 수 있다. 따라서 자사의 상품이나 서비스 경쟁력보다 CEO 인지도 비중이 높은 회사는 투자자나 은행으로부터 긍정적 평가를 받지 못함도

이러한 연유 때문일 것이다.

사회적 관계 유지가 주요한 업무 중 하나인 경영자가 아무런 외부 활동을 하지 않을 순 없다. 업무와 관련한 새로운 지식도 습득해야 하고 사람들과 교류를 통해 정보를 얻는 것도 필요하다. 또한 자신의 경험과 지식을 필요로 하는 사람들과 나누는 것은 분명 의미 있는 일이라 생각된다. 중요한 건 지나친 외부 활동으로 업무에 지장을 초래하거나 집중력을 떨어뜨리지 않는 범위에서 최소화해야 한다는 것이다.

죽었다 살아난 정치인의 첫 마디는 "나 출마할 거야"이고, 연예인은 "컴백할래"라고 한단다. 우스갯소리이겠지만 대중의 인기와 갈채가 얼마나 중독성이 강한지를 꼬집는 말이다.

기업인은 정치인도 아니고 연예인은 더욱 아니다. 고객의 사랑으로 존재하고 성장한다는 공통점은 있지만 방법론에선 정반대의 길을 가야 한다. 우리가 사는 세상은 잘 나가는 사람이 더 잘 나가길 바라는 사회가 아직은 아니기 때문이다.

경영자는 자랑하고 싶어 하는 마음과 과시하고 싶은 욕구를 스스로 경계하지 않으면 안 된다.

"남들이 알아주지 않는다고 서운해 하지 않는다면 군자가 아니겠는가?"라는 공자의 말씀을 깊이 새기자.

(2015. 8. 24)

목적은 목표에 우선한다

1944년 6월 6일, 미군을 주축으로 구성된 연합군이 노르망디 해변으로 상륙작전을 감행했다. 이 작전을 예상한 히틀러는 롬멜을 독일군 사령관에 임명하고 80㎞에 이르는 노르망디 해안선 방어에 총력을 기울이고 있었다. 해변에는 연합군 상륙정 접근을 지연시키고 전차작전을 방해할 목적으로 거대한 콘크리트 구조물 설치와 대규모 지뢰도 매설해 놓았다.

D-day, 함포 발사를 신호로 사상 최대의 군사작전이 전개되었으며 2개의 미군 공수사단과 영국, 캐나다 병력 24,000명이 적진에 투하됐다. 그들의 임무는 독일군 이동을 방해하기 위한 교량 폭파와 아군 상륙에 큰 장애인 중화기 부대를 무력화 시키는 것이었다.

그러나 예상과는 달리 먹구름과 강한 바람으로 공수부대원 대부분이 목표지점 낙하에 실패했으며 늪지대에 떨어져 희생된 대원들도 많았다. 기대했던 효과를 거두지 못한 공수작전의 실패로 은폐물도 없는 백사장에 상륙하는 보병은 대규모의 희생을 피할 수 없었다.

5개의 구역으로 나눠진 상륙지역에서 가장 희생이 컸던 곳은 미군 1사단과 29사단의 작전구역인 오마하 해안이었다. 절벽으로 이뤄진 이 지역은 독일군에겐 천혜의 요새였지만 미군 병사들에겐 말 그대로 죽음의 땅이었기 때문이다.

첫날 독일군 피해의 10배가 넘는 10,000여 명의 연합군 사상자 대부분이 오마하 해변에서 발생했다. 전투중 소대장 사망을 무전으로 보고하면 남아 있던 선임 병사가 즉석에서 지휘관으로 임명되던 영화의 장면은 잊혀지지 않는다. 많은 희생을 치루고 성공한 상륙작전은 프랑스를 해방시키고 나치의 항복을 이끌어낸 계기가 되었음은 우리 모두 잘 아는 사실이다.

역사적으로 어떤 국가도 전투를 목표로 전쟁을 시작한 경우는 없었다. 일본이 하와이를 공격한 것도 애초 전쟁으로 영토를 점령하겠다는 목적은 아니었다. 미국과의 협상에서 유리한 위치를 차지하기 위한 전략적 판단으로 진주만 공격을 목표로 한 것뿐이다. 즉 전쟁은 국가의 목적을 달성하기 위한 전략적 판단이며 공격 목표는 목적을 달성하기 위한 전술적 수단일 뿐이다.

의외로 많은 사람들이 목적과 목표의 개념을 정확히 이해하지 못한다. 심지어 동의어 정도로 알고 있기도 하지만 'Objective'와 'Goal'은 엄연히 뜻이 다른 단어이다.

군대의 전투적 개념인 전략과 전술은 치열하게 경쟁하는 기업에서 더 이상 낯선 단어가 아니다. 새로운 사업의 영역에 진출하거나 기존의 사업 확장을 계획하는 게 전략이라면 이를 구현하기 위한 구체적 목표 수립과 달성 계획이 전술이다. 기업의 관점에서 다른 기업의 사업 영역에 진입하거나 자사의 시장을 넓히기 위한 공세적 행동은 전쟁을 수행하는 것과 다르지 않다.

따라서 처음 기획하는 단계부터 프로젝트의 분명한 목적을 정의하는 게 중요하다. 상품 개발과 마케팅 프로젝트를 통한 기대 수익 등 모든 목표는 철저하게 전략적 목적을 달성하기 위한 수단으로 삼아야 하는 이유다.

손해를 보기 위해 새로운 영역에 진출하거나 사업을 확장하는 경영자는 없을 것이다. 그러나 많은 기업의 실패 원인이 확장을 위한 공세적 과정에서 발생됨은 반드시 주목해야 할 부분이다. 이런 경우 확고한 목적보다는 '어떻게 되겠지'라는 안이한 생각을 가졌거나 지나친 자신감으로 처음 목적한 방향을 잃었기 때문일 가능성이 높다.

독일군은 개전 초기 주요 유럽지역을 장악해 애초 목표한 전략적 성과를 충분히 달성했었지만 전술 목표에 집착한 결과 소련까지 침공해 막대한 전력 손실을 입었다. 이 손실로 인한 병력과 물자 부족으로 독일군의 사기는 바닥에 떨어졌고 그 결과 패망으로 이어졌음은 목적이 목표보다 중요함을 일깨워 준다.

사람마다 각기 다른 철학과 가치관을 가지고 살겠지만 부의 추구를 인생의 전부로 삼는 경영자는 많지 않을 것이다. 그러나 재산이 늘수록 갈증은 더 커지고 터지는 화산처럼 분출된 욕망은 걷잡을 수 없게 된다. 처음 가졌던 사업의 목적은 어느새 매월 달성해야 하는 목표에 묻혀 전투적 긴장감으로 매일을 보내는 자신을 발견하는 경우가 허다하다.

'조금만 더, 언제까지만…'

스스로 위로하면서 처음 목적을 뒤로 미루지만 시간은 누구도 기다려 주지 않는다.

자신이 지향하는 삶이 목적이라면 유한한 삶을 사는 우리의 사업은 이를 구현하기 위한 목표에 지나지 않는다. 사업을 왜 시작했었는지 본래의 목적을 다시 생각해 보고 필요하면 과감한 항로 변경의 기회를 가져보자.

(2015. 9. 8)

레버리지의 함정

"나에게 필요한 지렛대와 그 무게를 지탱할 장소를 준다면 나는 지구도 움직일 수 있다."

고대 그리스의 수학자이자 엔지니어인 아르키메데스가 한 말이다. 그는 물질의 체적과 질량 비중에 따른 부력 이론인 아르키메데스 원리로 우리에게 유명한 수학자이다. 인간이 지렛대를 이용한 역사는 훨씬 오래 전부터였지만 그는 지렛대 원리를 수학적 공식으로 정의한 사람이다. 지렛대는 움직일 대상 물질에 힘을 전달하는 작용점과 그 힘을 지탱해 주는 받침점, 그리고 힘을 가하는 힘점의 단순한 구도이지만 인류 발전에 기여한 공로는 무엇과도 견줄 수 없는 발견이라 생각된다.

일상에서 흔히 사용하는 손톱깎이나 가위 그리고 못을 뽑을 때 쓰는 장도리도 지렛대 원리를 이용한 생활의 필수품들이다. 지렛대 원리를 이용한 대표적 도구인 장도리는 바닥의 받침 부분과 힘을 가하는 지점이 멀수록 에너지가 적게 들고 가까우면 반대의 경우가 된다. 즉 지렛대 원리는 힘을 가하는 지점과 마지막 전달되는 지점의 운동속도의 차이다. 무거운 물체를 들어 올리는 도르래나 자동차에 사용되는 변속기도 같은 원리로 작동하므로 출발하거나 언덕을 오를 때 저속 기어를 사용하는 것이다.

경영에서도 작은 자본을 극대화하여 기업의 규모를 키우는 것은 일반적인 활동이며 이를 레버리지 효과라 부른다. 기업이 자본이나 상품을 신용으로 차입해 재무제표에 적용하면 부채가 증가하지만 자산도 커진다. 100만 달러의 자본금을 가진 회사가 200만 달러의 부채를 지고 있다면 자산이 300만 달러로 늘면서 부채 비율은 200%로 올라

간다.

이 정도 부채 비율을 결코 낮은 수준이라 할 수는 없지만 기업이 마음대로 활용 가능한 자산은 수익을 창출하는 자원이 되므로 자본 효율성 측면에선 긍정적인 숫자일 수 있다.

적절한 레버리지 활용은 기업 경영과 개인 투자에서 성공과 실패에 큰 영향을 미칠 수밖에 없다. 특히 매출 대비 마진이 적은 유통회사는 레버리지의 극대화가 요구되는 업종인 만큼 벤더들이 제공하는 크레딧 조건은 매출 성장에 큰 영향을 미친다.

문제는 처음엔 건설적이고 효과적인 방법으로 활용되던 레버리지가 시간이 흐르면서 변칙적으로 사용된다는 것이다. 유통 기업들이 파산신고로 법원에 제출한 자료들을 보면 부채가 자산보다 월등히 많은 것이 특징이다.

최근 한국일보에 보도된 파산 의류업체가 제출한 자료도 부채가 자산의 7배가 넘는 수준이었다. 은행이 이렇게 많은 융자를 제공하지는 않았을 걸 전제한다면 벤더들로부터 공급받은 외상 매입금이 대부분이다. 외상 매입도 처음부터 그렇게 많은 규모는 아니었겠지만 시간이 흐르면서 액수가 늘었을 것이다.

벤더들에게 많은 피해를 입히고 파산하는 기업들의 패턴을 보면 크레딧 텀과 액수를 점차적으로 늘리는 경우가 많다. 상품이 판매되는 회전율이 늦어서이기보다는 길어야 2주 이내에 현금화 될 물품을 외상으로 구입하고 지급기일을 점차 늘리기 때문이다. 이렇게 확보한 현금으로 점포수를 늘리면 매출이 증가하고 다시 매출의 몇 배만큼

가용 현금도 늘어난다.

　그렇게 일정 시간이 지나면 자사 계좌에 있는 현금이 자기 돈인 양 착각해 부동산 구입 등 본업 외에 다른 곳에 투자도 하게 된다. 그러다 경기가 나빠지거나 경쟁구도 변화로 매출이 떨어지면 현금 흐름에 압박을 받게 되고 이를 해결하기 위해 더욱 공격적인 확장모드로 전환하는 경우가 많다.

　이런 경우 회사의 마케팅 전략은 수익을 더 내기 위한 목적이 아니라 크레딧을 늘리기 위한 재무적 수단으로 전락해 피해 액수만 늘리고 결국은 문을 닫게 된다. 남가주 진출을 선언하고 점포를 오픈한 지 몇 개월도 지나지 않아 몇 주 전 파산을 신청한 워싱턴주에 본사를 둔 슈퍼마켓 체인도 이런 경우에 해당될 것이다.

　지렛대를 이용해 움직이는 물체를 회사 규모라 할 수 있으며 그 중량을 감당하는 받침대는 시장 환경이고 막대는 기업의 능력에 비유할 수 있다. 무게를 감당할 수 있는 충분한 강도의 막대라도 받침대가 약하면 움직일 수 없고 아무리 받침대가 튼튼해도 지렛대가 부실하면 휘어지거나 부러지고 만다. 지난 금융위기도 개인과 기업들의 과도한 레버리지에서 기인한 결과가 아니었던가.

　아무리 좋은 것도 과하면 부족함만 못함이 세상의 이치고 진리다. 아르키메데스가 전제했던 무한정 변수를 감당할 지렛대와 받침대는 세상에 존재하지 않기 때문이다.

(2015. 9. 21)

종교와 비즈니스

638년 무슬림 2대 칼리프 오마르가 예루살렘을 점령할 때 그는 대항하는 군사들 이외에는 기독교인과 유태인들을 죽이지 않았다. 대주교의 안내를 받아 예수의 무덤이 있는 성묘 교회를 돌아보던 중 기도 시간이 되자 오마르는 급히 밖으로 나가 길바닥에 천을 깔고 절을 했다. 교회 안에서 기도할 경우 그 자리가 무슬림의 성지가 되어 성묘 교회가 없어질 것을 염려한 배려였다고 한다.

반면 1099년 교황 우르바누 2세는 성지를 되찾기 위해 동원령을 내리고 십자군을 조직했다. 대부분 가난하고 무식한 농부들로 구성된 십자군은 복천년 왕국이 곧 온다는 성직자들의 말을 믿고 심판의 날이 오기 전 속죄를 해야 한다는 생각에 농토를 팔아 무기와 식량을 마련했다. 그들은 예루살렘에 도착하자 구약시대 여호수아 군대가 여리고성을 함락할 때 했던 것처럼 십자가를 짊어지고 성벽을 돌며 기도

했다.

이처럼 어리석고 무지한 십자군은 이교도를 죽이는 건 천국으로 가는 선행으로 믿었고 성안의 모든 무슬림을 남녀노소 가리지 않고 도륙했다. 그때 흘린 피가 무릎 높이까지 찼다니 그들의 광기가 어느 정도였는지 짐작이 간다.

1970년대 가난하고 어둡던 시절 기독교 복음은 한국민들에게 영생의 메시지와 더불어 우리도 할 수 있다는 긍정의 힘으로 작용했었다. 꼭두새벽 전국의 교회는 불을 밝히고 찬송과 기도는 하늘로 퍼져 나갔으며 무언가에 몰두하면 끝장을 보는 화끈한 국민성과 찰떡궁합으로 세계에 유례가 없는 빠른 성장을 이뤘다.

지금도 그렇지만 축복은 당시 선교의 핵심 단어로 이는 세상의 재물과 명예를 얻는 것으로 귀결된다. 불교를 숭배하는 나라는 모두 가난하지만 기독교를 믿는 국가는 부유하다는 설득은 가난을 벗어나기 위해 필사의 노력을 기울이던 사람들을 개종시키는 데 큰 힘을 발휘했다.

덕분에 기독교는 한국인 다수의 종교가 되었지만 물질적 축복을 가치로 삼는 오염된 믿음은 오늘날 정신적 빈곤을 가져왔음을 부인하기 어렵다. 서울 밤하늘 촘촘히 박혀 있는 빨간색 불빛이 십자군의 표시처럼 섬뜩한 이유는 물질만능주의로 바뀌어 버린 세상의 상징처럼 보이기 때문이다.

한인사회에 유독 기독교 정신을 표방한 기업들이 많이 있으며 회사의 마케팅이나 경영주 개인의 관계에서도 기독교 이념을 강조하는 경우를 자주 목격한다. 기업주가 개인의 신앙심으로 종교적 신념을 갖는 건 고유한 권리이지만 자신의 위치를 이용하여 고객과 직원들에게 심리적 부담을 주는 건 매우 위험한 발상이 아닐 수 없다.

이는 종교가 다른 고객들의 반감을 살 수 있고 회사 조직내 이념적 갈등을 유발해 차별이라는 빌미를 제공할 위험성이 높기 때문이다. 그리고 자신이나 회사의 실수가 대중에게 알려졌을 때 소속 종교가 비난을 받게 되며 이는 오늘날 기독교가 사회적 신뢰를 잃게 된 원인이 되었음은 깊이 반성해야 할 문제가 아닐 수 없다.

종교적 색채가 강한 경영자들의 특징은 자신의 능력보다 운으로 성공을 이루었다고 생각하며 행운을 축복의 결과로 믿는 경향이 강하다. 따라서 자신의 불경으로 축복을 거둬 가면 애써 축적한 재산을 잃지 않을까 불안감에 더욱 열성적인 교인이 될 수밖에 없을 것이다.

이렇게 부가 쌓일수록 믿음은 더욱 굳어지며 자신의 축복은 모두 하나님으로부터 왔다고 겸손해 하지만 절대자가 나를 특별히 축복한다는 과시의 심리가 숨어 있음을 부인하기 어렵다.

그릇된 종교관으로 신념이 다른 사람을 배척하는 오만은 주변에서 자주 목격되는 불행한 일이다. 최근 보도된 동성부부의 정당한 결혼증명서 발급을 거부한 켄터키주 법원 서기와 이를 옹호하는 기독교인들의 태도가 역겨울 뿐이다. 이는 개인의 신념과 공적 의무도 구분하지 못하는 오염된 기독교인의 한심한 작태이기 때문이다.

이런 문제는 소위 독실한(?) 기독교인들에게서 나타나는 현상이며 한인사회에서도 자주 목격되는 현상이다. 회사를 위해 열심히 일하는 직원들에겐 야박하게 굴면서 하나님의 이름을 앞세워 자신의 명예를 높이는 데 열심인 경영자들에겐 공허한 외침보다 자신의 내면의 소리에 귀 기울이길 권한다.

예수님께서는 '너희에게 새로운 계명을 주노니 서로 사랑하라' 말씀하시고, '친구를 위해 목숨을 버리면 그보다 더 큰 사랑이 없다' 고 하셨다. 이처럼 기독교 정신은 철저한 이타적 삶을 요구한다. 하물며 주변 사람들에게도 존경받지 못하는 경영자가 사업에 종교적 색깔을 입히는 건 얄팍한 상술에 불과하며 매우 유치한 행동이다.

진정한 신앙인은 지극히 작은 이웃들에게 소리 없이 도움을 준다. 오른손이 하는 일을 왼손이 모르게 하는 것, 이것이야말로 진정한 축복이며 하나님께서 원하는 삶의 방식이기 때문이다.

(2015. 10. 5)

소탐대실의 교훈

디젤엔진은 1892년 독일의 엔지니어인 루돌프 디젤에 의해 발명됐다. 휘발성이 낮은 디젤을 압축공기를 이용해 내연기관에 사용케 한 획기적 발명이었다. 디젤의 저렴한 가격과 높은 연비는 경제적 측면에서 우수하지만 엔진이 무겁고 소음과 진동이 큰 것이 단점이다.

이런 디젤엔진의 한계로 그동안 트럭이나 선박 등 산업용 장비에만 사용해 오다 오일 쇼크 후 독일 기업들의 주도로 승용차에 탑재할 소형엔진 개발이 시작됐다.

1980년대 초기 디젤엔진을 장착한 승용차를 타면 마치 트럭처럼 소음과 진동이 심했던 기억이 아직도 생생하다. 그동안 꾸준한 기술 개발이 진행됐지만 승용차에 장착할 만한 수준까지 발전하지는 못했었다.

그러다 1998년 독일의 카먼사에서 가솔린엔진처럼 실린더에 연료를 직분사하는 CRDI 엔진개발이 성공함으로써 디젤의 대중화시대를 열게 되었지만 나날이 강화되는 각국의 대기오염 기준을 만족시키기엔 역부족이다. 심혈을 기울여 개발한 디젤엔진이 사장될 수 있는 상황에서 폭스바겐사가 TDI(Turbo charger Direct Injection) 엔진을 개발하여 크린디젤을 선언했다. 역시 기술의 독일이구나! 그들의 노력에 모두 감탄하며 찬사를 보냈다. 폭스바겐사가 제시한 데이터에 의하면 디젤의 한계를 극복한 엔지니어링의 승리였기 때문이다.

디젤 자동차 부분에서 타의 추종을 불허하는 글로벌 기업 폭스바겐사의 배기가스 조작 스캔들이 시간이 갈수록 일파만파로 번지고 있다. 그들이 자랑했던 TDI엔진은 배기가스 규정을 맞추기 위해 특별설계한 소프트웨어의 결과물이었기 때문이다. 이는 소비자와 정부를 속인 사기에 버금가는 행위로 큰 충격이 아닐 수 없다.

처음 뉴스를 접했을 때 피치 못할 어떤 착오가 있었겠지, 설마했지만 그 믿음은 폭스바겐 CEO의 고백으로 여지없이 무너지고 말았다.

이런 소프트웨어를 장착한 자동차 판매 대수가 1,000만 대가 넘는 상황에서 한 기업의 능력으로 해결은 어려울 것이라 판단된다. 리콜로 근본적 해결이 불가능한 문제일 뿐 아니라 많은 국가와 지방 정부는 물론 각 소비자를 상대로 해결해야 할 법적 문제는 넘어야 할 더큰 산이기 때문이다. 무엇보다 성실함의 표본으로 평판을 받아온 독일 국민기업 폭스바겐사가 도덕적 문제로 이미지가 훼손된 것은 경제적 손실에 비교할 바 아니다.

기후변화의 주범으로 지목된 이산화탄소 배출을 억제하기 위한 각국의 규제는 더욱 강화되고 있으며 특히 화석 연료에서 발생하는 탄소 배출을 줄이는 데 역점을 두고 있다. 이산화탄소가 대기권에 머물며 태양에서 발산하는 열이 우주로 빠져 나가는 데 방해를 하기 때문에 기온이 올라간다는 학자들의 주장을 각국 정부가 받아들이는 분위기는 점차 확산되고 있다.

우리 주변엔 자동차뿐 아니라 탄소를 배출하는 기구들로 둘러싸여 있다 해도 과언이 아닐 정도다. 냉장고나 에어컨은 물론 무심코 뿌리는 헤어 스프레이 등 생활에 필요한 공산품들을 만들고 사용하는 과정에서 탄소가 배출된다. 따라서 제품을 생산하는 회사들은 예외 없이 직간접으로 정부의 관련 규제를 받고 있음이 현실이다. 특히 냉장고와 에어컨의 냉매로 사용되는 프레온 가스는 온난화의 주요 원인으로 지목되어 2019년부터 기존 제품의 미국내 판매가 금지된다.

에너지 소비를 줄이면서 성능은 더 우수한 제품을 생산하길 요구하는 정부 방침은 기업 경영에 큰 도전이 아닐 수 없다. 두 가지 상반된 목표를 동시에 달성하기 위해선 기존의 방식에서 벗어나 새로운 방법을 찾아야 하므로 많은 노력과 비용이 수반되기 때문에 작은 기업일수록 벅찬 과제가 아닐 수 없다.

자동차뿐 아니라 모든 산업에서 강화된 정부의 규정을 준수하기 위한 비용은 늘고 있지만 소비자는 더 저렴한 제품을 선호한다. 따라서 환경이 어렵다고 소비자의 기대치를 충족시키지 못하거나 가격을 올리면 자연히 퇴출될 수밖에 없는 게 기업이 당면한 현실이다. 이를 극복하기 위해 마른 수건을 짜는 심정으로 방안을 강구하지만 뾰족한

묘안을 찾기도 어려운 게 사실이다.

이럴 때 떠오르는 저비용으로 경쟁자들을 쉽게 이길 수 있는 꼼수의 유혹을 물리치기가 쉽지 않을 것이다. 기업이나 개인이 실패하는 사례들을 보면 작은 욕심을 이기지 못해 큰일을 그르친 경우가 생각보다 많다. 이번 폭스바겐 스캔들도 소탐대실의 대표적 사례 중 하나일 뿐이다.

세상에 비밀은 없는 법, 꼼수는 언젠가 혹독한 대가를 치른다. 경영자 모두는 이번 스캔들을 반면교사로 삼아 어렵게 일군 기업을 한 순간에 무너뜨리는 어리석음을 범하지 않기를 바란다.

(2015. 10. 19)

작은 일이라고 소홀히 말라

"작은 일도 무시하지 않고 최선을 다해야 한다. 작은 일에도 최선을 다하면 정성스럽게 된다. 정성스럽게 되면 겉에 배어 나오고 겉에 배어 나오면 밖으로 드러난다. 밖으로 드러나면 이내 밝아지고 밝아지면 남을 감동시키고 남을 감동시키면 변하게 되고, 변하면 생육된다. 그러니 오직 세상에서 지극히 정성을 다하는 사람만이 나와 세상을 변하게 할 수 있는 것이다."

몇 주 전 유럽 출장중 에어 프랑스 기내에서 관람한 영화 '역린'에서 중용 23장을 현대적으로 해석한 정조의 대사가 좋아 여기에 옮겼다. 겉치레는 난무하지만 사람과의 관계에서 작은 정성을 찾아보기 어려운 시대에 의미 있는 내용이라 생각되었기 때문이다.

결과로 모든 걸 평가하는 산업사회는 사람들을 극도의 경쟁으로 내몰아 어제의 방식으론 오늘의 속도를 따라가기 벅찬 세상이 됐다.

오늘날 통신수단의 발달로 사람들과 연결의 폭은 넓어졌지만 정작 중요한 깊이는 부족한 관계를 유지하면서 살고 있음이 현실이다. 무엇보다 자신의 이익을 최우선 가치로 삼는 이기적 성향은 다른 사람에 대한 배려와 정성이 부족할 수밖에 없어 메마른 관계 속에 살아가는 것도 이 시대의 특징 중 하나일 것이다.

오늘날 기업은 성장의 기여도로 고객을 분류하고 대우를 달리하는 걸 당연한 활동으로 인식하고 있으며, 수익에 도움이 되지 않는 고객은 퇴출도 불사한다. 주주들로부터 매년 신임을 받아야 하는 경영진의 입장에서 수익 창출은 최우선 목표가 될 수밖에 없음은 부인하기 어려운 현실이다.

그러나 수익만 추구하는 경영은 단기적으로는 성과를 거둘 수 있을지 몰라도 장기적 관점에서 본다면 바른 전략이라고 할 수 없다. 기업이 영리 추구를 우선 가치로 삼는 건 당연하지만 사업의 동기는 사람들을 편리하게 하는 이타심으로부터 출발해야 하기 때문이다.

마차를 몰고 다니는 사람들의 불편을 덜어주기 위해 시작한 사업이 오늘날 포드 자동차 회사가 되었으며, 크고 무거운 워크맨의 불편을 없애기 위해 개발된 제품이 애플사가 만든 아이팟이다. 이처럼 사람의 편리를 생각하는 작은 배려가 거대한 자동차 왕국을 만들었고, 시들어가던 애플을 세계 최고의 회사로 재탄생시킨 위대한 힘을 발휘한 것이다.

추운 겨울밤 호텔을 찾은 노신사에게 자신의 방을 내준 인연으로 호텔 왕이 된 사람도 있고, 쌀가게 점원이지만 작은 일에도 정성을 다하는 성실이 기반이 되어 세계적인 기업 현대그룹이 되었음은 잘 알려진 이야기다. 이처럼 사람과의 관계에서 보여준 작은 정성을 인연으로 큰 기업을 일군 경우는 주변에서 흔히 찾을 수 있으며, 이는 동서양이 다르지 않다.

반면 사소한 일을 등한시하여 큰일을 그르치는 경우도 의외로 많다는 사실이다. 트레블러스 보험사 조사관인 하인리히는 그가 분석한 5만 건의 사고 원인은 예외 없이 여러 건의 작은 일들을 무시한 결과였다고 발표했다.

이는 사람이 길을 걷다 산에 걸려 넘어지는 게 아니라 작은 돌부리에 걸려 넘어지는 것과 같은 이치임을 알려주는 통계라 생각된다. 그럼에도 불구하고 오늘날 많은 사람들이 눈앞의 이익만 따져 크고 대범한 일에는 관심과 열정을 쏟지만 미래에 도움이 될 수 있는 일임에도 작은 역할이나 소소한 일이라고 소홀히 하는 경우를 자주 보게 되어 안타까운 마음이 든다.

"내가 너에게 소중한 비밀을 하나 가르쳐 줄게. 지금의 너를 탄생시킨 것은 바로 너의 지난 모든 과거란다."

생텍쥐베리의 '사막의 도시' 중에 나오는 내용이다. 개인이나 기업이 위치한 오늘의 상황은 과거로부터 매순간 기록된 작은 행적으로 이어진 결과이며 지금 실행하는 작은 일들이 쌓여 자신의 미래가 된다는 사실을 일깨워 주는 글이다.

처음부터 큰 인물로 태어난 사람은 없었으며 대기업도 존재하지 않았다. 사소한 일에도 정성을 다하는 사람이 큰 인물이 되고 고객의 편의를 위해 더 노력하는 회사가 대기업으로 성장한다는 사실을 잊어선 안 된다.

옛날 짚신장사 아버지가 싼 값에도 불구하고 잘 팔지 못하는 아들에게 죽기 전에서야 털을 잘 다듬으라고 충고했음은 짚신이 잘 팔리는 노하우는 대단한 것에 있는 게 아니라 신는 사람이 불편하지 않도록 털을 다듬는 작은 정성에 있었음은 우리에게 시사하는 바 크다.

시대가 아무리 바뀌어도 작은 정성에 감사하는 사람의 마음은 결코 변하지 않는다. 따라서 지금처럼 각박한 환경을 사는 사람들에게 전하는 작은 정성은 반드시 그 진가를 발휘할 걸 믿는다.

한국인에겐 '정'이라는 특별한 정서가 있다. 미운 감정도 정이라는 애틋함을 더하면 미운 정이란 긍정적 감정으로 바뀌고 그 애틋함에 간절한 염원을 더하는 게 정성이다.

눈에 보이는 상품과 서비스만 가지고 경쟁하던 시대는 지났다. 지금은 평준화된 기술과 정보로 각사가 제공하는 서비스나 품질의 우열을 가리기 어려운 환경이 되었기 때문이다. 미국시장에서 성공하고 싶다면 자사의 상품과 서비스에 보이지 않는 정성으로 차별화 하라. '지성이면 감천한다'는 경험적 속담은 지금이 더 유효한 시기다.

세상 어디에도 처음부터 시작된 강은 없다. 실개천이 모여 냇물이 되고 냇물이 흘러 강을 이룸은 세상의 기본이치다. 기업에 있어 고객 한 사람 한 사람은 강물의 근간인 실개천과 다름없다. 실개천이 마르지 않도록 정성을 들여야 하는 이유다.

(2015. 11. 2)

지혜는 지식보다 중요하다

"유리하다고 교만하지 말고 불리하다고 비굴하지 말라. 무엇을 들었다고 쉽게 행동하지 말고 그것이 사실인지 깊이 생각하여 이치에 맞을 때 행동하라. 불필요한 말을 삼가하며 임금처럼 말하라. 눈처럼 냉철하고 불처럼 뜨거워라. 스스로에겐 태산 같은 자부심을 갖되 타인에겐 누운 풀처럼 자신을 낮춰라. 역경을 참아 이겨내는 인내를 갖추고 형편이 나아질 때 더욱 조심하라. 탐욕을 경계하고 터지는 분노를 잘 다스릴 줄 알라. 호랑이처럼 용맹하지만 사슴처럼 두려워할 줄도 알며 때때로 인생을 즐길 줄 아는 것이 무릇 지혜로운 이의 삶이다."

한국 출장 때 틈이 나면 찾는 산사 찻집에서 발견한 '지혜로운 이의 삶'이라는 글이 좋아 다듬어 여기에 옮겼다.

지식을 함축해 정의하기는 어렵지만 교육이나 훈련을 통해 사회생활에 활용할 수 있는 정보나 기술을 습득하는 포괄적 의미로 생각된다. 오늘날 보이지 않는 기술이 실물 자원보다 더 높은 부가가치를 창출하고 있어 지식은 우리시대의 중요한 경쟁력이 되고 있음을 말해준다. 따라서 사람들은 더 많은 지식을 습득하기 위해 경쟁적으로 소중한 시간과 돈을 투자하고 있으며 이를 전달하는 대학의 수는 헤아리기도 어려울 만큼 많다.

2013년 기준 미국은 4,500개의 대학에서 학사와 석사를 배출하고 있으며 한국은 400개의 대학이 설립돼 인구 만 명당 대학생 수 650명으로 일본의 240명보다 월등히 높은 수준이다. 그러나 84%나 되는 경이적 대학 진학률은 오히려 학문의 질적 저하와 인력 수급의 불균형을 초래하여 당사자의 장래나 국가 경제적 측면에서도 큰 손실이 아닐 수 없다.

더욱 심각한 문제는 대학을 졸업한 대부분의 사람들이 전공과는 무관한 사회생활을 하고 있으며 그나마 직장을 찾지 못하는 경우도 많다는 것이다. 이는 대학 진학을 하는 목적이 필요한 지식을 습득하기 위한 것보다 학교의 명성을 인생의 계급장 정도로 착각하고 있는 것이 아닌지 걱정된다.

현대그룹 정주영 회장, 경영의 신으로 추앙받고 있는 페나소닉 창업자 마쓰시타 고노스케, 자동차 왕 헨리포드, 발명왕 에디슨, 이들은 모두 학교 교육을 많이 받지 못했음에도 불구하고 세상에 위대한 족적을 남긴 사람들이다.

최근 빌 게이츠를 제치고 세계 최고의 부자로 등극한 의류회사 '자

라' 설립자인 아만시오 아르데카 회장도 가난 때문에 중학교도 마치지 못했지만 사업으로 큰 성공을 거뒀다.

다른 사람보다 열악한 환경을 극복하고 성공한 그들은 항상 사물의 본질을 이해하려고 애를 썼으며 세상의 이치를 깨닫기 위한 노력을 그치지 않았던 공통점이 있다. 고노스케 회장은 주위사람들 모두가 자신보다 학식이 많았기 때문에 그들을 스승이라 생각하고 배운 결과 그들보다 더 다양한 지식을 습득할 수 있었다고 회고했다.

정주영 회장은 모르면서 아는 척하는 게 부끄러운 행동이지 모르는 것을 배우는 건 창피한 게 아니라고 말했다. 이처럼 그들은 자신이 처한 환경에 지배를 받기보다는 상황을 역으로 활용하는 지혜를 통해서 성공했음을 알 수 있다.

지혜란 현실을 바로 보고 미래를 대비하는 능력이다. 사람이 감정에 휘둘리지 않고 현실을 직시하기도 어렵지만 미래를 예측하는 건 말처럼 쉬운 일이 아니다. 지식은 사물의 각 차이를 아는 것이고 이는 논리적 교육을 통해서 얻을 수밖에 없다. 이렇게 습득한 논리로 어떤 현상을 설명할 순 있지만 그 해석이 맞다는 증명을 스스로 하지 못하는 한계가 존재한다.

결과적으로 지혜가 수반되지 않는 지식은 반쪽에 불과하며 미래를 통찰하지 못한 상황에서 내린 결정은 큰 위험을 내포하고 있음을 간과해선 안 된다. 따라서 지식이 자동차를 움직이는 엔진이라면 지혜는 방향을 잡아주는 핸들과 같은 역할을 한다.

사업으로 성공하려면 과거와 현재의 인과를 통해 보이지 않는 미래를 읽어야 한다. 경제 사이클도 겉으로 보면 일정한 규칙이나 패턴이 있는 것처럼 보이지만 자세히 들여다보면 수많은 변수가 존재하고 그 변수가 흐름의 방향을 바꾼다. 기업의 성패는 경제라는 큰 틀보다 그 속에 존재하는 변수의 대처 능력에 따라 결정되는 경우가 많다. 흐름은 지식을 통해 알 수 있지만 변수는 지혜로 읽을 수 있기 때문에 지식보다 지혜가 중요한 이유다.

따라서 지식을 구하는 궁극적 목표도 지혜를 얻기 위한 하나의 방편임을 잊어선 아니 된다. 세상에 존재하는 모든 학위를 취득해도 지식의 총량에 비하면 그저 미미한 수준에 불과하며 어떤 지식으로도 지혜로운 사람을 이길 수 없기 때문이다.

(2015. 11. 16)

강한 사람은 싸움을 피한다

닭싸움 구경을 좋아하는 주나라 임금이 기성자라는 당대 제일의 조련사에게 힘이 세고 사납게 생긴 닭 한 마리를 보내 최고의 투계로 만들도록 명령했다.

열흘쯤 지나 자신의 닭이 얼마나 사나워졌는지 궁금한 임금은 싸우기 충분한지 물었다.

"아직 멀었습니다. 자신의 힘만 믿고 교만하여 자기가 최고인 양 허세가 가득합니다."

기성자의 말을 듣고 돌아간 임금은 10일 후에 찾아와 다시 물었다.

"닭이 싸우기 충분한가?"

"아직 많이 부족합니다. 상대방의 소리와 그림자에 너무 쉽게 반응하여 무조건 덤벼들려 합니다."

다시 열흘이 지나고 똑같은 질문을 받은 기성자는, 먼저 공격하지는 않는 수준은 되었지만 상대를 노려보는 눈초리가 너무 매서워 아직은 투계로서 적합하지 않다고 대답했다.

다음 10일 후 임금이 다시 물었다.

"이제 싸우기 충분한가?"

"예."

"도대체 어느 정도의 경지에 이르렀는가?"

"상대방이 소리를 질러도 아무 반응을 하지 않으며 어떤 위협에도 평정을 유지해 마치 목계처럼 보입니다."

장자의 달생편에 나오는 내용이다.

삼성그룹 창업자인 이병철 회장께서 나무로 만든 닭을 집무실에 놓고 '목계지덕'의 교훈을 새겼다는 일화는 많이 알려진 사실이다.

요즘처럼 경쟁이 치열한 환경에서 기업하면 떠오르는 연관 단어는 공격이 아닐까 싶다. 같은 시장에서 한정된 고객을 상대로 상품을 판매하는 기업이 공세적 자세를 취하는 건 당면한 현실이기 때문이다. 뺏고 빼앗기는 고지전을 방불케 하는 기업간 마케팅 전쟁이 지속되면 경쟁사에 대한 반감과 증오심도 그만큼 커질 수밖에 없을 것이다.

삼성과 애플의 법정 싸움에서 볼 수 있듯 라이벌 관계에 있는 회사일수록 그 강도는 극에 달해 작은 허점만 보여도 소송으로 몰고 가 보복하는 게 오늘의 현실이다.

며칠 전 한국 검찰은 삼성전자의 라이벌 회사인 LG전자 사장에게 징역 8개월을 구형했다. 유럽에서 열린 가전쇼에 전시된 삼성전자의 세탁기를 부숴 영업을 방해했다는 혐의다. 그것이 사실이라면 수십 명의 삼성 직원들이 보는 앞에서 눈 깜짝할 순간에 세탁기를 부숴 버린 LG전자 사장의 능력과 배짱도 대단하지만 그렇게 쉽게 망가지는 세탁기의 내구성에 더욱 놀랄 뿐이다.

양사의 위상과 규모를 생각해서라도 원만하게 해결할 문제를 한 치의 양보 없이 법정으로 끌고 간 모습에서 서로간의 앙금이 얼마나 높고 깊은지 극명하게 보여주는 사례가 아닐 수 없다.

전쟁에서 이기는 방법을 기술한 손자병법에서 강조한 첫째는 '싸우지 않고 이기는 것'이고, 마지막은 '불리하면 도망가라'는 것이다. 수많은 전투를 경험한 전쟁 전문가의 결론에서도 싸우지 않는 것이 최상이며 싸움은 마지막 수단임을 일깨워주는 가르침이다.

13세기 초 칭기즈칸의 군대가 중국에서 헝가리에 이르는 대부분의

문명세계를 정복할 때 가능한 한 전투를 회피하는 원칙이 있었다. 아무리 약한 군대와 싸워도 전력손실은 불가피하며 상처를 회복하는 데 물리적 시간이 필요했기 때문이다. 이는 임진왜란 때 명분과 체면에 집착한 나머지 무모한 전투로 아까운 병사들을 죽음으로 몰아넣었던 나약한 조선과 대비되는 모습이다.

임금을 비롯한 대신들은 안전한 곳으로 도망다니는 마당에 후퇴하는 장수는 비겁하다며 무조건 힐난하고 상황이 불리해 싸우지 않는 지휘관은 겁쟁이라 비난했다. 심지어 해군 수장인 통제사를 불러다 병사들이 보는 앞에서 볼기를 치는 한심한 작태도 서슴지 않았으니 지나치다 못해 할 말이 없는 수준이다. 망신을 당한 장수 원균이 대책도 없이 공격하다 조선 수군을 전멸시킨 부끄러운 역사는 약자는 참을성이 부족하다는 교훈을 주기에 충분하다.

한국비료 사카린 밀수사건으로 삼성이 위기에 빠졌을 때 이병철 회장이 박정희 대통령 앞에서 무릎을 꿇고 선처를 구하는 장면이 드라마로 방영된 적이 있었다. 삼성 측에서 사실과 다르다고 즉각 반박을 했지만 필자는 개인적으로 그 장면에서 큰 감동을 받았다. 인간에게는 분명 지켜야 할 명분이나 자존심이 있지만 경영자에게는 성공이 자존심이고 명분이라 믿기 때문이다.

개인의 자존심과 명분에 집착해 국가나 조직을 위기에 빠뜨린 리더가 비겁하고 약한 사람이지 싸움을 피했다고 약하거나 명예가 더럽혀지지는 않는다. 감정에 휩싸여 싸우긴 쉽지만 분함을 참을 수 있는 건 진정으로 강한 자만이 가능한 일이기 때문이다.

경쟁 관계에 있는 사이일수록 쓸데없는 감정에 휘둘리기 쉽다. 화가 나는 일이 있어도 상대의 감정을 건드리는 언행을 삼가하고 또한 경쟁자의 공격에 민감하게 반응하지 말라. 참는 건 잠깐이지만 싸우면서 입은 상처는 매우 오래감을 기억하라.

(2015. 11. 30)

고객과 경쟁하라

치열한 경쟁에서 낙오해 파산절차를 밟고 문을 닫은 미국내 기업은 매년 4만 건을 육박한다. 금융위기가 한창이던 2009년엔 7만 건이 넘었으며 법원의 선고 없이 스스로 폐업한 업체를 감안하면 그 숫자는 더욱 많을 것이다.

경쟁이 치열해질수록 문을 닫는 회사가 늘어나는 추세를 보이다 일정 기간에 다다르면 그 숫자는 극적으로 줄어들 걸로 예상된다. 경쟁에서 밀린 회사들이 차츰 문을 닫거나 다른 업체에 흡수되면 결과적으로 강력한 힘을 가진 회사들만 시장에 남아 소비자와 힘겨루기를 할 것이기 때문이다.

업체들이 폐업하는 이유야 많지만 대부분 수익성 악화로 적자를 견디지 못하고 문을 닫는 경우가 많다. 한때 성공가도를 달리며 십수 년을 존속해 온 기업이 적자를 내는 원인은 무엇보다 새로운 시장 환경에서 적응에 실패했기 때문이다. 무엇보다 새로운 경쟁자와 벌인 고객 확보 전략의 실패가 가장 큰 원인을 차지한다.

초기엔 고객 유지에 별 영향을 주지 못하던 경쟁자가 시간이 지나면서 위협적 존재로 바뀌면 결국은 자사의 고객을 지키기 위해 많은 희생을 감수할 수밖에 없는 처지가 된다. 이는 한국 경제의 중추 역할을 담당하던 조선산업이 중국 업체와의 경쟁으로 심각한 위기에 빠진 오늘의 현실이 잘 증명해 준다.

어려움에 빠진 기업의 입장에선 경쟁사를 원망할 수 있겠지만 깊이 생각해 보면 회사가 위기에 직면한 직접적인 원인은 경쟁사가 아니라 발길을 돌린 자사의 고객들에 있음이 냉정한 분석이다.

이처럼 기업의 존폐를 좌우하는 고객 확보를 위해 많은 자원을 투입하고 있음에도 쉽게 균형이 깨지지 않는 이유는 대등한 힘을 가진 경쟁자들이 마케팅에 총력을 기울이고 있기 때문이다. 이런 상황이 가중될수록 혜택을 보는 건 해당 기업의 고객들이며 오늘날 소비자들은 이를 활용하며 즐기고 있음도 사실이다.

다른 상품까지 구매할 걸 기대하고 원가 이하 세일 품목을 내놓은 마켓 경영진의 예측과 달리 적자 품목만 구입하고 길 건너 경쟁 마켓으로 발길을 돌리는 고객을 보면 야속함을 넘어 저절로 한숨이 날 것이다. 이런 감정이 쌓이면 자신의 경쟁자보다 고객이 더 얄밉게 느껴지고 건너편 업주도 동병상련의 심정을 갖는 건 뻔한 이치다.

이런 경우 타협으로 과당경쟁을 피할 수 있겠지만 합의는 지키기도 어렵고 담합은 법으로 엄격하게 금지되어 있어 합병이 최상의 선택일 것이다. 정부는 소비자를 보호하기 위해 합병이 시장에 미칠 영향을 엄격하게 심사하지만 특별한 경우를 제외하곤 일정한 가이드라인 안에서 이를 허용하고 있음이 현실이다.

경제 규모가 작은 개발도상국에선 M&A 없이도 큰 기업을 만들 수 있지만 미국 같은 선진국에서는 불가능하다. 인수합병은 자본주의의 극치라 할 수 있어 미국에선 일상처럼 M&A가 이뤄지고 있다. 특히 IT 업계는 성사된 건수만 연간 수백 건에 이르고 금액도 천문학적인 규모에 이른다.

회사를 인수하는 목적은 다른 기술을 접목해 시너지 효과를 노리는 경우도 있지만 잠재적 경쟁자를 미리 없애거나 기술이 다른 경쟁사로 넘어가는 걸 막는 데 주안점을 두는 경우가 대부분이다.

따라서 M&A를 추진하는 당사자들은 고객들에게 혜택이 돌아갈 것이란 논리를 내세우지만 자본주의 경제에서 소비자에게 좋은 합병이란 어불성설에 불과하다. 오늘날 M&A가 중요한 경영전략 중 하나로 자리 잡은 현실은 인정하지만 경쟁사를 없애 고객을 이기는 방식은 장기적 관점에서 높은 수준의 경영전략이 될 수는 없다. 소비자들은 독점에 대한 강력한 반감이 있어 언제나 새로운 경쟁자를 키우려는 심리가 작용하기 때문이다.

수십 년을 지켜온 한국 토종 브랜드를 제치고 의류업계 최초로 매출액 1조 원을 돌파한 일본 기업 유니크 론의 성공은 기업이 누구를 상대로 경쟁해야 하는지 보여주는 좋은 사례가 아닐 수 없다. 이 회사는 가격이 싼 옷은 품질도 떨어진다는 소비자들의 일반적 통념을 깨기 위해 경쟁사들이 원가 절감을 위해 고민할 때 더 좋은 옷을 만들기 위한 노력을 멈추지 않았다.

그들이 경쟁회사를 목표로 더 싼 가격의 옷을 만들기 위해 노력했다면 오늘의 큰 성공은 불가능했을 일이다. 경쟁사와 비교해 상대적 우위로 팔리는 제품은 더 강한 경쟁사에 의해 뒷전으로 밀리지만 절대 우위를 차지하는 제품은 어떤 환경에서도 팔린다.

경쟁사 대비 우위를 추구하는 경영은 대양을 항해하면서 목적지를 좌표로 삼지 않고 주위 선박을 기준하는 것과 다름없다. 기업의 최대 목표는 어떤 여건에서도 원하는 수익을 창출하는 것이다. 이는 경쟁사가 아닌 자사의 고객과 경쟁에서 지속적으로 승리할 때 달성할 수 있는 목표임을 잊어선 안 된다.

(2015. 12. 14)

절망은 없다

"폭풍이 지나간 언덕에도 꽃은 피고, 지진 난 땅에도 맑은 샘물은 솟아납니다."

초등학교 시절인 1960년대 MBC 라디오의 인기 프로그램이었던 '절망은 없다' 시간에 들었던 성우의 내레이션이 지금도 생생하게 떠오른다. 몹시 어려웠던 시절 역경을 극복하고 성공한 사람의 실화를 바탕으로 제작된 드라마는 비슷한 처지의 많은 사람들에게 위로와 희망을 심어주는 프로그램이었다. 드라마가 끝날 때면 귀를 쫑긋이 세우고 듣고 있던 내게 어머님은 늘 이렇게 말씀하셨다.

"윤신아, 힘들다고 포기하면 안 된다. 오늘 라디오에 나온 사람처럼 성공하려면 아무리 힘들어도 끝까지 참고 견뎌야 한다."

단호한 어조로 시작된 말씀의 끝은 늘 흐려지셨는데 어려움을 참고 견디는 게 무엇을 의미하는지 스스로 체험하고 계셨기 때문이었을 것이다. 그 시절 세상과 유일한 소통 수단이었던 라디오를 통해 나보다 더 어려운 사람들도 있다는 사실을 깨닫게 되었으며, 젊은 시절 모진 어려움을 겪었지만 여유로운 여생을 보내고 있는 어머님을 보면서 희망을 버리지 않는 한 결코 절망은 없음을 실감한다.

미국판 '절망은 없다'를 만든다면 단연 KFC 창업자인 커넬 샌더슨을 꼽을 수 있다. 6살 때 아버지를 잃은 커넬 샌더슨은 10세 때부터 농장일을 시작으로 여러 직업을 전전하며 힘들게 저축한 돈을 투자해 22세에 첫 사업을 시작했으나 실패했다. 실망하지 않고 전보다 더 열심히 노력하여 시도한 두 번째 도전도 39세에 불어닥친 대공황의 벽을 넘지 못하고 다시 실패로 끝났다.

재기를 준비하며 주유소 점원으로 일하던 그는 이 마을에 마땅한 음식이 없다는 손님들의 불평을 듣고 자신의 장기인 닭튀김 식당을 열었다. 사업은 큰 성공을 거뒀고 켄터키 주의 상징적인 음식을 개발한 공로로 주지사로부터 명예 대령(Colonel) 지위까지 부여 받았다.

그런데 경제적 안정과 사회로부터 인정받는 위치에 올라 해피 엔딩으로 끝날 것 같던 샌더슨에게 예상치 못했던 화마가 닥쳐 세 번째 불운을 겪는다. 하지만 그는 좌절하지 않고 수중에 남은 돈과 빚까지 얻어 식당을 다시 열었지만 지역에 불어닥친 불황을 이기지 못하고 네 번째 파산을 맞게 된다.

거듭된 실패로 소셜 연금을 받아 생활하는 비참한 처지에 절망한 샌더슨은 심한 우울증으로 정신병을 얻었으며 이로 인하여 이혼까지 당했다.

절망의 나날을 보내던 어느 날 샌더슨은 자신이 그토록 열심히 노력했음에도 왜 실패를 거듭했는지 돌아보았다. 그리고 돈을 벌어 성공하겠다는 이기적 목표만 있었지 다른 사람을 위한 마음은 없었음을 깨닫게 된다. 자신의 닭튀김을 먹고 행복해 하던 사람들을 떠올린 그는 나머지 삶을 그렇게 보내기로 결심하였다.

그리고 65세에 다시 시작한 사업은 선풍적 인기를 얻으며 네 번의 실패를 딛고 다섯 번째 도전에서 큰 성공을 거둔 것이다.

비즈니스 오너가 사업체를 운영하다 파산 같은 상황에 맞닥뜨리면 당장의 생계를 걱정해야 하는 냉엄한 현실에 직면하게 된다. 본인의 불편함이야 참을 수 있겠지만 새로운 환경에 적응하느라 애쓰는 가족들을 지켜보는 가장의 심정은 무엇과도 비교하기 어려운 고통일 것이다. 이럴 때 여건을 탓하거나 실패의 원인을 다른 사람에게 돌리고 원망하는 사람은 다시 일어서기 어렵다. 자신의 실패를 주변 여건이나 다른 사람 탓으로 돌리다 보면 부정적 사고가 고착돼 긍정의 힘을 잃어버릴 가능성이 높기 때문이다.

긍정적 마인드는 어려움을 견디게 하는 힘이며 새로운 도전의 원천이 되므로 어떤 경우라도 지켜야 하는 사업가의 기본이다. 실패로부터 재기하고 싶다면 주변 여건이나 다른 사람을 탓하기 전에 자신을 돌아보며 무엇이 부족했는지 겸허한 반성과 치열한 성찰로 썩은 살을 도려내 긍정의 새살이 돋도록 해야 한다.

지금 같은 치열한 경쟁에 노출된 환경에서 일곱 번 넘어져도 여덟 번 일어서겠다는 칠전팔기의 용기를 갖춰야 진정한 사업가가 될 수 있다. 성공한 사업가중 크고 작은 실패를 경험하지 않은 사람은 찾아 보기 어렵다. 꾸준히 도전하는 사람에게 결코 실패란 없으며 어떤 고통도 다시 일어설 때 느끼는 희열을 능가하지 못한다.

빙판에서 수백 수천 번은 넘어졌을 김연아 선수가 그 때마다 다시 일어설 수 있었던 것도 다시 설 때 느끼는 희열 때문이었을 것이다. 만약 그녀가 넘어진 채로 포기하고 말았다면 오늘의 영광은 없었을 게 분명하다.

어제의 실패에 매달리지 말라. 오늘은 새로운 날의 시작이다. 다시 용기를 내자! 힘차게 일어나 앞으로 나가자!

(2015. 12. 28)

지속하라

　아버지는 어린 아들을 위해 작은 나무를 심고 그 소년은 하루도 쉬지 않고 나무를 뛰어넘는다. 그리고 10년 후 청년이 되었을 때 자기의 키보다 몇 배나 자란 나무를 뛰어넘는 장면은 과거 무협 만화에서 자주 보았던 내용이다.

　심리학자 말콤 글레드웰은 저서 '아웃라이어'(OUT LIERS)에서 누구든 1만 시간을 꾸준히 노력하면 천재가 될 수 있다고 주장해 화제를 모았다. 꾸준히 노력하면 천재도 될 수 있다는 주장을 그대로 받아들이기엔 현실적으로 무리가 있긴 하지만 한 가지 일을 그 정도 지속한다면 어떤 분야건 전문가 수준에 도달할 수 있음은 충분히 가능하다고 믿는다. 그렇지만 하루 3시간씩 꼬박 10년이라는 긴 시간 동안 같은 일을 지속하기란 결코 쉽지 않음이 당면한 현실이다.

　물론 주변에서 십수 년 동안 같은 일을 해 온 사람들을 흔히 만날 수 있지만 그들 모두가 탁월한 전문가라고 할 수는 없을 뿐 아니라 큰 성공을 거둔 경우도 그리 많지 않다. 이는 보내는 시간의 양보다 얼마나 집중하여 꾸준한 노력을 기울였는지 가늠하는 질이 중요함을 깨닫게 해 준다.

쉬지 않고 훈련한 소년이 10년 후 높이 자란 나무를 뛰어넘는 모습이나 1만 시간의 노력을 지속하면 천재에 버금가는 사람이 될 수 있다는 주장은 뛰어난 재능보다 성공은 꾸준한 반복에 의해 이뤄진다는 메시지로 받아들이면 좋을 것이다.

빠른 속도로 바뀌는 시장 환경에 적응해야 하는 경영자 입장에서 변화는 최우선으로 삼아야 하는 가치라 할 수 있다. 그러나 변화를 시도하기 전 그 본질을 이해하는 건 매우 중요하다. 언뜻 변화는 과거와

단절을 뜻하는 지속의 반대어로 이해할 수 있겠지만 진정한 변화의 뜻은 더욱 새롭게 한다는 의미로 받아들여야 하기 때문이다.

따라서 변화와 지속은 반대어가 아니라 동의어로 이해하는 게 경영자의 바른 자세라 할 수 있다.

최상의 품질과 저렴한 가격 그리고 좋은 서비스는 기업 성장의 3대 원칙이다. 이는 기업이 추구해야 하는 절대적 가치로 아무리 세대가 바뀌어도 변하지 않을 것이며, 기업 활동의 핵심은 이 원칙을 어떻게 효율적으로 달성하는가에 맞춰져 있다.

문제는 하루에도 수없이 쏟아져 나오는 새로운 경영기법이나 성공 사례를 배우기 위해 시간을 보내며 이를 접목하느라 바쁘게 움직이는 기업들이 적지 않다는 것이다. 이 같은 현상은 자신의 사업과 업계를 정확하게 이해하지 못하거나 본인의 능력을 신뢰하지 못하는 경영자들이 운영하는 회사에서 보이는 특징 중 하나다.

인간은 가야 할 궁극적 목표보다 목적지에 이르는 길에 대해서 다른 사람보다 빨리 가는 방안을 궁리하는 속성을 가지고 있다. 바른 길을 가면서도 주위를 둘러보고 여러 사람이 같은 행동을 취하면 자신의 주관을 버리고 따라 하는 경우도 이 때문이다. 이는 다른 사람보다 뒤처지는 것을 두려워하는 대표적 속성으로 조바심을 참지 못함에서 기인한다.

20년 이상 업계 평균보다 높은 성장과 꾸준한 수익을 창출한 기업들의 대표적인 특징은 급속한 혁신이 아니라 작은 변화를 지속적으로 추구해 왔다는 것이다. 그들은 모두가 따라 하는 유행을 따르기보다 지금껏 추진해 온 일들을 꾸준하게 발전시켜 업계 1위를 지키는 공통점을 가지고 있다. 국가의 정치적 행태는 그 나라에 속한 기업 경영자들 행동에 많은 영향을 미쳐 기업의 가치관이나 철학에 밀접하게 스며든다.

이는 한국 기업들의 전략이나 경영지침이 미국 회사들과 비교하여 자주 바뀌는 경우에서 알 수 있다. 특히 후임 CEO가 취임하면 으레 새로운 경영 전략을 발표하고 완전히 다른 회사로 탈바꿈한 듯한 메시지를 보내는 경우가 많다.

언뜻 기업의 역동적 모습을 보여주는 것 같기도 하지만 이는 조직의 지속성을 해치는 결과를 가져오는 위험성이 크다. 정권이 바뀌면 전 정권에서 추진하던 국가적 사업이나 정책이 승계되는 게 아니라 관심 밖으로 밀려나거나 폐기되는 한국의 정치 풍토와 분명 무관치 않을 것이다.

1월은 새해를 맞아 기업과 개인들 저마다 계획을 세우고 새로운 각오를 다짐하는 시기다. 하지만 매번 새로운 각오를 하기엔 인생이 그리 길지 않으며 성숙되지 않으면 열매를 맺을 수 없다. 따라서 새로운 시도보다 더 중요한 건 그동안 해 오던 일을 지속적으로 발전시키는 것이다.

1만 시간은 아니더라도 자신의 분야에서 천 시간의 내공을 쌓아보길 권한다. 성공은 무서운 집중력과 반복적인 학습의 산물이라고 갈파한 글래드웰의 주장에 공감하기 때문이다.

(2016. 1. 11)

진정한 친구

"아들이 실직하면 며느리와 손주들의 생활이 어려울 것 같아 내가
도와줘야 하는데…, 아무래도 집을 팔아야겠습니다."

"절대로 안 됩니다. 얼마가 필요하든 내가 도와줄 테니 집을 팔아
선 안 됩니다."

확답을 받지 못한 친구는 정색을 하며 거듭 팔지 않겠다는 약속을
하라고 다그친다. 델라웨어주 법무부 장관인 바이든 부통령이 아들의
지병이 악화돼 사임하기 직전 오바마 대통령과 만나 나눈 대화 내용
이다. 세계 최강국 미국의 권력서열 1위 대통령과 2인자인 부통령이
나눴다는 대화라고 하기엔 너무 신선해 내겐 충격으로 다가온다.

권력의 핵심인 주 검찰총장과 법무부 장관을 지낸 사람의 가족들이
가장의 실직 후 생계를 염려해야 하는 사실도 놀랍지만 그 아들을 돕
기 위해 현직 부통령이 퇴임 후 거주할 집을 처분하겠다는 대화를 현

실로 믿기엔 더욱 놀라울 뿐이다.

바이든 부통령은 1972년 29세의 젊은 나이로 상원에 진출한 이후 줄곧 정치적 성공가도를 달려왔으며 권력의 핵심에 있었다. 더욱이 현직 부통령으로 살아 있는 권력이라 할 수 있는 그가 아들 가족의 생계를 돕기 위해 퇴임 후 돌아가야 할 집을 처분해야 한다는 사실은 미국 정치인들이 얼마나 청렴한지 보여주는 증거다.

몇 주 전 한국일보에 실렸던 오바마 대통령과 바이든 부통령과의 사적 대화를 언급한 건 진정한 친구의 의미를 다시 생각해 보고 싶었기 때문이다.

몇 년 전 영국 국영방송 BBC에서 4부작 다큐멘터리 '행복에 이르는 길' 제작을 위해 각 분야의 전문가를 뽑아 행복위원회를 구성해 이른바 '행복헌장'을 만들어 발표했다. 그들이 결론지은 행복에 이르는 17가지 중 첫 번째 조건은 진정한 친구가 있어야 한다는 것이다. 두 번째 결론은 많은 돈이 행복을 가져다주지 못한다. 이는 진실한 친구는 돈으로 살 수 없기 때문이라고 강조했다.

초등학교부터 대학, 고향과 직장, 거기에 각 동호회 친구까지 한국인은 그야말로 친구의 홍수 속에 살고 있다 해도 과언이 아닐 정도다. 그래서인지 한국 사람의 대화 속에 친구는 유난히 많이 등장하는 단어다. 이처럼 폭넓은 친구 관계를 형성하며 생활하는 한국인의 행복지수가 비슷한 경제력의 다른 국가에 비해 현저히 낮은 이유는 BBC가 지적했던 친구와 한국인이 생각하는 개념이 다르기 때문일 것이다.

예수님께서는 친구를 위해 목숨을 버리면 그보다 더 큰 사랑이 없다고 하셨다. 구세주께서 목숨을 버려서라도 지켜야 할 가치로 친구를 지목하셨음은 그 의미가 결코 가볍지 않음을 우리에게 일깨워 준다. 따라서 우리 주변 친구 사이의 훈훈한 미담들은 한결같이 희생과 신뢰 그리고 배려를 기초하는 공통점이 자리하고 있다. 이는 친구란 너라고 부르며 허물없이 지내는 사람이 아니라 평소 서로의 길잡이가 되어 주면서 어려움에 처했을 때 기꺼이 손을 내밀어 일으켜 세워주는 사람임을 말해 준다.

BBC가 정의한 진정한 친구의 개념은 나이나 사회적 위치 등 정형화된 조건의 틀 속에 맞춰진 스팩이 아니라 상대에 대한 진정성이다. 이와 같은 진정성은 세대와 배경을 뛰어넘어 진심으로 서로를 걱정하고 기꺼이 도우려는 오바마 대통령과 바이든 부통령의 관계에서 잘 보여준다.

따라서 조건을 전제하는 우정은 진정한 친구라 할 수 없으며 이해관계로 얽힌 사람은 머릿속에서 희미한 기억으로 소멸될 수밖에 없다.

치열한 경쟁 속에서 생존과 번영을 추구하는 기업의 CEO는 걱정과 불안으로 스트레스가 많을 수밖에 없다. 자신의 판단과 결정이 늘 좋은 결과만 가져오는 것도 아니며 한 번의 실수로 큰 손실을 입을 수 있어 심리적 압박이 크기 때문일 것이다.

그래서인지 한국인 사업가 가운데 과도한 음주나 도박 외도 등 일탈적 행동으로 힘들게 구축한 기반을 스스로 무너뜨리는 경우를 자주 본다. 이는 분명 위에서 언급했던 진정한 친구의 부재가 원인의 큰 부분을 차지하고 있음을 부인하기 어렵다.

유교문화의 서열의식에서 벗어나 자신과 고락을 함께하는 직원들과 희생, 신뢰, 그리고 배려를 기반한 관계를 구축한다면 그보다 더 좋은 친구는 없을 것이다. 진정한 친구가 많은 사람은 결코 넘어지지 않으며 언제든 다시 일어설 수 있다. 순수한 생각과 진실한 마음으로 맺어진 친구는 시공을 초월해 서로의 마음 속에 항상 살아 있어 늘 용기와 희망을 주기 때문이다.

(2016. 2. 1)

기울지 않는 달

지구의 자연 위성인 달은 우리와 불과 38만 km 떨어진 거리에서 27.3일에 지구 궤도를 일주하며 29.5일을 주기로 달 태양의 위치 변화를 반복한다. 지구를 중심으로 달과 태양이 직선을 이루면 보름달이 뜨고 각도가 작아지면서 반달을 거쳐 그믐달로 바뀐다. 이는 스스로 빛을 발산하지 못하는 달이 태양 쪽으로 이동하면서 반사면이 가리는 정도에 따라 크기가 달라지기 때문이다.

하늘을 쳐다보면 어딘가에 살포시 얼굴을 내미는 달은 노래와 시문학으로 우리들의 마음 속에 친숙히 자리하고 있으며 지금도 달력은 농사와 어업에서 필수적인 정보를 제공해 준다.

우리 세대는 초등학교에서 "달달 무슨 달 쟁반같이 둥근 달" 노래를 배웠으며, "노세 노세 젊어서 노세. 화무십일홍이요 달도 차면은 기우나니라"라는 노래는 그 시절 자주 들었던 어른들의 애창곡이었다. 아름다운 꽃도 한때이고 달이 차면 기우는 자연의 법칙을 상기시켜 세상만사가 반드시 쇠퇴의 과정을 거칠 수밖에 없음을 깨닫게 하는 노래다.

달이 차면 기우는 법칙을 증명이라도 하듯 그동안 승승장구하던 포스코가 설립 47년 만에 처음으로 적자를 기록하며 임원의 30%를 줄이겠다고 발표했다. 창업 이래 매년 큰 폭의 흑자를 내면서 한때 시가총액 5위까지 오르던 회사가 최근 납품 비리와 정권 유착설로 검찰 수사까지 받더니 급기야 수십 개의 계열사들이 적자를 내면서 모기업인 포스코가 흔들리는 모습을 보이고 있다.

철강의 공급과잉이라는 환경에서도 사상 최대의 판매 실적을 달성해 2조 3000억 원의 영업 이익을 냈음에도 평가손과 자회사들의 경영 부진으로 적자를 기록한 것이다. 조선과 자동차 그리고 많은 공산품들이 세계적 경쟁력을 갖추며 오늘날 한국이 공업 선진국으로 발전할 수 있었음도 양질의 철강을 저렴한 가격에 공급해 주는 포스코가 있어 가능했기에 더욱 안타깝다.

자연은 탄생과 성장 그리고 소멸의 과정을 반복하는 법칙 속에 순환하지만 기업은 정점을 지나 한 번 기울기 시작하면 다시 일으켜 세우기가 매우 어렵다. 한때 미국을 대표하는 기업 중 하나였던 코닥은 사라진 지 오래 됐으며, 1980년대까지 초일류기업으로 각광받던 IBM과 GE도 정점을 지나더니 지금은 뚜렷한 성과를 내지 못하고 과거 명성에 비해 초라한 모습을 보이고 있다.

이는 경영 여건이 마치 지구와 다른 각도로 시시각각 변하는 달처

럼 끊임없이 바뀌고 있어 영원할 것 같던 기업도 새로운 정점을 향해 지속적으로 이동하지 않으면 그 자리를 지킬 수 없음을 보여준다.

시대가 변하고 환경이 바뀌는 상황과 무관하게 기업이 정상을 지키는 건 어쩌면 불가능에 가까운 일일지도 모른다. 그러나 불확실한 미래를 예측 가능한 현실로 전환시키고 자신의 기업을 영원한 일등으로 만드는 것은 경영자의 궁극적 책임이다. 따라서 리더는 기간별 성취 가능한 비전을 제시하고 각 조직이 목표를 달성할 수 있도록 환경을 조성해 나가야 한다. 이런 가운데 리더는 그 분위기에 결코 휩쓸리지 않는 냉정함을 유지하며 모든 상황을 객관적 관점에서 통찰해야 할 필요가 있다. 리더가 분위기에 휩쓸리면 상황 논리에 빠지게 되고 객관적 판단에 지장을 주기 때문에 이를 경계하지 않으면 안 된다.

몇 년 전 품질 문제로 회장이 의회 청문회까지 불려 나가며 큰 위기를 겪었던 도요타 자동차가 세계 판매 1위를 탈환했다. 안전과 직결되는 브레이크 결함으로 인명 사고가 여러 건 발생해 창사 이래 최대의 위기를 겪었지만 극복하는 과정에서 단 한 명의 감원도 없이 다시 정상에 올랐기 때문에 그 의미는 더욱 크다고 생각한다.

도요타는 2007년 창사 이래 최대 수익을 달성하여 직원들은 축제 분위기였지만 경영진의 생각은 달랐다. 지금 거둔 실적은 환율 효과 등 자사 능력 밖의 성과에 기인함으로 진정한 수익으로 보기 어렵다고 판단한 것이다. 그 결과 경영진은 향후 어려움에 대비 임금을 동결하고 상여금을 예년보다 축소하겠다는 뜻밖의 발표를 했다. 최대 실적을 낸 회사 분위기완 판이한 결정이었지만 경영진의 냉철한 판단은 이후 도요타의 위기를 극복하고 지속 성장에 큰 힘을 발휘했음은 시사하는 바 매우 크다고 생각된다.

자동차 관련사업 이외는 쳐다보지도 않는 도요타와 철강과 전혀 관계도 없는 계열사 수십 개를 운영하다 47년 만에 적자의 불명예를 쓴 포스코에서 주변 분위기에 휩쓸리지 않는 리더의 냉철한 판단과 통찰력이 얼마나 중요한지 극명하게 보여준다. 확고한 주관이나 전략도 없이 글로벌 경영을 외치며 유행을 좇아 요란을 떠는 회사가 지속적으로 정상을 지키는 경우는 드물다. 끊임없는 변화란 한 번에 불어닥치는 태풍이 아니라 쉼 없이 불어오는 산들바람과 같기 때문이다.

달성 가능한 목표를 세우고 일관된 신념으로 꾸준히 전진하는 회사의 달은 언제나 환한 보름달을 유지할 것을 믿어 의심치 않는다.

(2016. 2. 15)

이상적 현실주의를 지향하라

아르헨티나 출신인 체 게바라는 의대 재학 중 모터사이클을 타고 남미일주 여행을 떠났다. 당시 우익 정부가 들어선 남미 국가들은 비약적 경제 발전을 이룩했지만 가난한 사람들은 고된 노동에도 불구하고 빈곤에 허덕이며 비참한 생활을 하고 있었다. 이를 목격한 그는 억압과 착취의 현실을 개탄하며 마르크스주의에 공감하게 된다.

졸업 후 과테말라에 정착해 진료를 하다 조국 페루에서 쫓겨나 망명생활을 하던 여성 인권 운동가와 결혼하면서 그는 사회주의에 더욱 심취해 갔다.

얼마 후 그들이 지지하던 아루벤스 정부가 CIA지원을 받은 반정부 세력에 전복되자 아내와 함께 멕시코로 도망쳤다. 이곳에서 게바라는 피델 카스트로와의 만남으로 쿠바혁명에 가담하여 친미 성향의 바티스타 정권을 전복시키고 2인자로 떠오르게 된다. 그는 여기서 멈추지 않고 볼리비아에 잠입해 게릴라 활동을 벌이다 39세로 혁명가의 삶을 마감한다.

"세상 어디든 누군가 부당하게 고통 받고 있다면 진심으로 슬퍼하는 인간이 되어야 한다. 사랑이 없는 혁명가는 상상하기 어렵다"고 했던 게바라가 다시 돌아와 오늘의 쿠바를 본다면 국민들에게 무엇이라 대답할지 궁금해진다.

미국의 대선 레이스가 일반의 예상과는 달리 이상한 방향으로 흐르고 있다. 사회주의자임을 자처한 버니 샌더스의 열풍이 거세게 불며 난공불락의 민주당 후보로 꼽힌 힐러리를 위협하고 있으며, 공화당에선 유력 후보로 꼽히던 잽 부시가 예상치 못했던 트럼프 돌풍에 휩싸여 낙마하는 이변이 연출됐다.

최저임금 인상과 부자들에게 무거운 세금을 부과해 의료보험을 국가가 관장하며 공립대학을 무료화 하겠다는 샌더스의 공약이 공감을 얻고 있으며, 수입 장벽을 높여 미국 제조업을 살리고 외국과의 교역에서 결코 손해 보지 않겠다는 트럼프의 미국 우선주의가 표심을 흔들고 있는 것이다.

비호감 트럼프가 출마를 선언했을 때 모두들 특유의 돌출 행동이라 믿었기 때문인지 파죽의 3연승을 거두고 있는 현실을 보고도 믿지 않는 게 사실이다. 이처럼 무모한 공약을 내세운 두 후보가 각 정당의 유력 후보로 부상한 중심엔 날로 커지는 부의 편중이 자리하고 있다.

최근 실업률이 내려가고 자산 가치도 상승해 경제는 긍정적 지표를 보이고 있지만 뱅크 크레딧 닷컴이 조사한 자료에 따르면 미국인 10

명중 6~7명이 비상금 $500가 없다고 답했음은 심각한 상황이 아닐 수 없다.

이런 현실을 이해한다면 비상식적 공약을 내세우는 두 후보가 각광받고 있음이 전혀 이상할 것 없으며 대통령에 당선될 가능성도 배제할 수 없게 된 것이다.

국가나 기업에서 발생한 역사적 큰 사건의 원인을 살펴보면 모두 분배의 과도한 불평등에서 비롯된다. 인간의 기본적 평등 욕구를 원만히 조절하지 못하거나 외면했을 때 반드시 반작용이 일어났으며 수습하는 데 큰 혼란과 고통이 따랐음은 역사가 주는 교훈이다. 작은 사회라 할 수 있는 기업에서도 적절한 분배는 기업의 성패를 가를 수 있는 중요한 사안이기 때문에 항상 고민이 따른다. 기업주 입장에서 분배란 자신과 주주를 비롯한 직원들, 그리고 고객들까지 포함하고 있어 제한된 재화로 모두를 만족시키기가 쉽지 않기 때문이다.

직원들이 행복해야 회사가 잘 된다는 건 당연한 말이다. 그렇기 위해선 기본적 생활을 걱정하지 않을 급료와 필요한 베네핏 제공은 필수이지만 지금처럼 치열하게 경쟁하는 환경에선 재원 마련이 결코 쉽지가 않다. 이런 경우 수익률을 올리기 위해 제품의 질을 낮추거나 서비스를 축소해 비용을 줄이고 싶은 유혹을 받게 된다.

그러나 이는 문제의 본질을 보지 못하는 매우 위험한 발상이 아닐 수 없다. 기업의 근간이 되는 재원은 고객으로부터 오기 때문에 직원이나 주주들보다 그들을 먼저 배려하지 않으면 결국은 모두 직장을 잃게 됨은 불을 보듯 뻔하다.

완벽한 정책이나 모든 이를 만족시키는 분배는 세상에 존재하지 않는다. 인류가 시작된 이래 이상주의가 성공한 적 없었고, 분배를 우선 가치로 삼았던 국가들 모두가 실패했음이 이를 증명하고 있다.

게바라의 이상과 샌더스의 분배정신, 그리고 트럼프의 이기주의까지 기업 경영에 필요한 속성들임은 분명하다.

그러나 중요한 건 우선 순위와 밸런스를 유지하는 자제력이다. 냉엄한 현실을 직시하면서 이상을 꿈꾸고 분배를 통해 수익을 창출해야 하는 역설적 환경에서 살아가는 경영자에게 이상적 현실주의가 요구되는 시대다.

(2016. 2. 29)

문제가 기회를 가져온다

"몸에 병 없기를 바라지 말라. 몸에 병이 없으면 탐욕이 생기기 쉽나니, 병고를 양약으로 삼으라. 세상살이 곤란함 없기를 바라지 말라. 어려움이 없으면 업신여기는 마음과 사치한 마음이 들어오니 근심과 곤란으로 세상을 살아가라. 배우는 데 장애가 없기를 바라지 말라. 쉽게 공부하면 배움이 넘쳐 깊은 의미를 깨닫지 못한다. 신앙생활에 유혹이 없기를 바라지 말라. 유혹이 없으면 믿음이 굳건해지지 못한다. 일을 추진할 때 쉽게 되기를 바라지 말라. 일이 쉽게 풀리면 뜻을 경솔한 데 두게 되어 결국은 실패한다. 그래서 성인은 여러 겹을 겪어 일을 성취하라 말씀하셨다. 친구를 사귀되 내가 이롭게 되기를 바라지 말라. 계산을 앞세우면 의리를 상하게 되나니 순수함으로 사귀라. 남이 내 뜻대로 순종해 주기를 바라지 말라. 남이 내 뜻대로 움직이면 마음이 스스로 교만해지나니, 내 뜻에 반하는 사람도 가까이 두라. 도움을 베풀면서 보답을 바라지 말라. 보답을 바라면 도모하는 뜻을 품나니, 덕을 베풀었던 기억을 헌신처럼 버려라. 이익을 분에 넘치게 바라지 말라. 이익이 분에 넘치면 어리석은 마음이 생기나니, 적은 이익으로 부자가 되라. 억울함을 당하면 밝히려 하지 말라. 해명하는 과정에서 원한을 품게 되나니, 마음 수련의 기회로 삼으라. 이와 같이 막히는 데서 도리어 통하는 것이요, 통함을 구하는 것이 오히려 막히는 것이다."

오래 전 독실한 불교 신자인 친구로부터 받은 족자에 적힌 '보왕삼매론'이라는 불교 경전 내용을 알기 쉽게 옮겼다.

기업을 경영하는 사람이면 누구나 계획하는 사업들이 무탈하게 진행되기를 바라지만 현실은 그렇지 못하다. 다양한 업무를 여러 사람이 수행하는 기업의 특성상 예상치 못한 문제들이 발생할 가능성이 상존하기 때문이다. 직원들의 사소한 실수부터 회사의 존속을 위협할 수 있는 각종 사고나 소송 등 경영자는 어떤 결과든 모든 책임을 져야 한다.

이런 가운데 문제가 발생하면 끈기 있게 극복하여 성공의 발판으로 삼는 경영자와 그렇지 못한 사람도 있게 마련이다. 이런 판이한 결과는 기업 경영은 늘 문제가 생길 수 있다는 각오가 되어 있는 사람과 그 반대의 경우라 할 수 있다.

계획한 모든 일이 순조롭게 진행될 걸 기대하는 사람은 작은 문제에도 민감하게 반응하여 많은 스트레스에 시달리지만 항상 어려움에 직면할 수 있음을 전제로 준비하고 있으면 침착한 대응이 가능하기 때문이다.

우리에게 쿠쿠밥솥으로 잘 알려진 쿠쿠전자는 LG전자에 전기밥솥을 만들어 납품하는 OEM업체로 출발했다. 순조롭게 진행되던 사업에 시련이 닥친 건 자사 제품에서 화재가 발생해 납품이 끊기고 관계당국으로부터 생산 정지를 당하면서부터다.

문을 닫아야 하는 절박한 상황이었지만 그들은 포기하지 않고 전기밥솥보다 에너지 소모가 적으면서 밥맛이 좋은 압력솥 개발에 매진한다. 그 후 어렵게 개발한 제품을 출시했지만 기술적 결함으로 폭발하는 사고가 자주 발생하자 이미지 실추를 염려한 LG전자와 다른 경쟁기업이 밥솥시장에서 철수하기로 결정했다.

제품 개발에 많은 시간과 자금을 투입했지만 하루아침에 판로를 잃어 공장 가동을 멈춰야 하는 상황에 IMF사태까지 겹치면서 회사는 더욱 어려운 난관에 봉착했다. 그러나 그들은 한계에 직면한 상황에서 대기업들이 철수한 시장에 독자 브랜드 제품을 출시할 절호의 기회를 만난 것이다.

극심한 경영난 속에서도 안전한 제품과 맛있는 밥을 지을 수 있는 연구개발에 매진한 결과 오늘날 밥솥시장 세계 1위의 자랑스런 기업으로 성장할 수 있었던 것이다. 이는 예상치 못했던 어려운 상황을 해결해야 할 짐이 아니라 성공으로 한 발짝 더 나갈 수 있는 기회로 생각했기 때문에 가능했던 일이다.

기업 내부에는 늘 문제가 상존하지만 인지되는 대부분의 문제들은 성장을 추진하는 과정에서 발생한다. 따라서 회사에 아무 문제가 없다는 건 문제의식이 없거나 현실에 안주하고 있음의 반증일 뿐이다. 문제의식은 현재 수준에 만족하지 않고 더욱 개선하겠다는 욕구에서 비롯된다.

따라서 문제를 너무 두려워하거나 기피하는 경영자는 회사를 크게 성장시키지 못한다. 경영자가 문제없이 성공하기를 기대하는 건 수영선수가 물속에 들어가지 않고 우승하겠다는 것과 다름없다.

언제나 문제가 발생할 가능성을 염두에 두고 폭풍이 몰아쳐도 흔들림 없이 앞으로 나가는 담력과 용기를 갖춘 경영자가 진정한 사업가이다. 문제가 발생하면 해결해야 할 머리 아픈 과제로 생각하기보다는 보물창고의 비밀번호를 푸는 것으로 이해하는 발상의 전환이 필요한 시대임을 인식하자.

막히는 데서 도리어 통하는 것이요, 순조로움을 구하는 것이 오히려 막힌다는 성인의 말씀을 기억하기 바란다.

(2016. 3. 14)

아, 다르고 어, 다르다

28살의 젊은 나이에 사지가 찢기는 참혹한 거열형에 처해진 남이 장군은 조선 왕조 역사상 가장 빠른 출세가도를 달렸던 인물이다. 그는 이성계를 도와 조선 개국에 공을 세운 남재의 자손으로 할머니가 이방원의 딸 정선공주다. 부인은 수양대군이 조카의 왕위를 빼앗을 때 공을 세운 좌의정 권람의 딸로 당시 조선 최고의 권력 가문의 자제였음을 말해 준다.

17세에 무과를 장원 급제한 실력으로 이시애의 난 진압과 여진족 토벌에 공을 세웠다지만 막강한 배경 없이는 스물여섯의 젊은 나이에 병조판서 자리에 오르는 건 불가능했을 것이다. 세조의 총애로 승승장구하던 그를 죽음으로 몰고 간 원인은 다름 아닌 직설적 화법으로 원로 공신들의 미움을 샀기 때문이었다.

세조가 죽고 예종이 왕위에 오르자마자 즉시 그를 파직시켰으니 평소 얼마나 많은 사람들과 악화된 관계를 유지했었는지 짐작이 간다.

"백두산 돌은 칼을 갈아 다 없애고, 두만강 물은 말을 먹여 모두 말랐네. 남아 스무 살에 나라를 평안케 못하면 후세 누가 대장부라 칭하겠는가."

그의 기개와 거침없는 성격을 짐작케 하는 호기가 정적들에게 공격의 빌미를 제공했으며, 급기야 역모로 몰려 자신은 물론 가족까지 처참하게 생을 마감해야 했다.

어렸을 때 동네 어른들 간에 오갔던 언쟁 가운데 자주 들었던 소리가 '아, 다르고 어, 다르다'라는 말이었다. 누가 들어도 엄연히 다른 말을 왜 저렇게 싸우면서 다시 강조를 하는지 당시는 이해하기 어려웠지만 세상살이 60년을 코앞에 두고 차츰 그 의미가 가슴에 와 닿는다. 상호간의 관계 속에 살아가는 인간은 서로의 뜻과 감정을 언어로 전달한다. 그래서 마음을 움직이는 한 마디로 천 냥 빚을 갚기도 하고, 가시 돋힌 독설로 목숨을 잃는 경우도 생기는 것이다.

따라서 정제된 언어 구사는 사회생활의 성패를 가르는 매우 중요한 수단이 아닐 수 없다. 그럼에도 불편한 관계에 있는 상대에게 호의적 태도를 취하는 게 쉽지 않아 돌아서서 후회했던 경험은 누구나 있을 것이다. 다른 사람과의 대화에서 자신의 감정을 컨트롤할 자신이 없으면 가급적 말을 아끼는 게 최선이다. 특히 자신과 경쟁 관계에 있거나 우호적이지 않은 사람과의 대화는 가능한 한 불필요한 말은 삼가하고 최대한 정중하게 말하는 훈련이 필요하다.

최근 상대를 저주하듯 막말을 일삼던 정치인들이 자기 당으로부터 버림받는 모습을 자주 목격하고 있다. 언론에 많이 등장해야 중요 인물로 부각되고 다음 공천을 받기 위한 충성심을 목적으로 상대 당 의원들에게 퍼부었던 막말이 올가미가 되어 실업자로 전락할 딱한 처지가 된 것이다. 선량이라고 평소 잔뜩 힘이 들어있어 뻣뻣한 고개를 떨구고 눈물까지 보이는 안쓰런 모습을 보면서 새삼 언어의 중요성을 다시 한 번 되뇌게 된다.

고객과의 소통은 물론 내부 조직간 끊임없이 진행되는 커뮤니케이션 스킬은 기업 경영자와 구성원 모두에게 매우 중요하다. 시대를 막론하고 소통의 의미는 단순한 의사 전달이 아니라 본래의 목적을 달성하는 데 있기 때문이다. 따라서 거부감 없이 상대의 기꺼운 협력을 이끌어내는 대화는 어느 시대를 막론하고 성공의 필수 요소다. 특히

자신이 유리한 입장에 있거나 지위가 낮은 사람과의 대화는 더욱 세심한 배려가 필요하다.

리더는 조직원들과의 대화에서 거친 말이나 지나친 냉소적 언어를 사용하면 안 된다. 또한 사람은 상대의 언어 수준을 통해서 인격을 판단하는 심리가 작용하기 때문에 본의 아니게 오해를 받는 경우도 생김으로 각별히 주의해야 하는 이유다.

윗사람을 모시는 사람도 자신이 당당하거나 논리적으로 맞다고 아무 때나 말해선 안 된다. 아무리 좋은 말이라도 장소와 시기에 맞지 않으면 옳다고 보기 어렵고 부정적 감정이 포함된 언어는 역효과를 내기 때문이다. 같은 단어를 사용한 대화도 며느리와 시어머니의 느낌이 다른 이유도 상대의 입장은 논리와 이성으로 판단하면서 자신의 상황은 감성적으로 생각하는 차이에서 기인한다. 이렇듯 자신의 주장은 주관적 경향이 강하지만 다른 사람의 말은 객관적으로 판단하는 게 인간의 속성이다.

그 시절 어른들이 다투면서 아와 어가 다르다고 따졌던 이유도 대화에 세심한 주의가 필요하다는 교훈으로 다가온다. 비슷한 처지에 있던 귀성군이 정중한 언어와 처신으로 공신들의 호감을 얻은 반면 남이 장군은 비극적 최후를 맞이했음은 절제된 언어 사용이 얼마나 중요한지 깨닫게 해 주는 요인이다.

말해서는 안 될 때 말하지 않는 자기 절제와 상대를 배려하는 사려가 대화의 기초이자 최상의 스킬임을 명심하자.

(2016. 3. 28)

테슬라 자동차의 미래

전기는 AC(Alternating Current, 교류)와 DC(Direct Current, 직류) 두 가지 종류로 나뉜다. 발전소로부터 송전 받아 공장이나 가정에서 사용하는 전기는 교류이고, 배터리를 통해서 얻은 동력이 직류다. 직류는 +− 양극이 전류적 변화 없이 그대로 전달되지만 교류는 같은 선에서 양극이 수시로 바뀌기 때문에 +− 구분이 없으며 초당 변하는 횟수에 따라 50Hz와 60Hz로 정해진다. AC는 전류 특성대로 저장은 불가능하지만 대량 생산이 용이하고 자유로운 전압 조절로 효율적 송전이 가능해 산업화에 공헌도가 가장 큰 발명이다.

초기 에디슨이 자신의 발명인 직류 전기를 일반 동력으로 공급하기 위해 노력했지만 테슬라가 고안한 교류 전기가 채택돼 오늘에 이르렀다. 이처럼 효율적 동력인 AC전기를 비롯하여 1800년대 당시론 상상할 수 없었던 무선 송전 이론 등으로 세상을 놀라게 한 니콜라이 테슬라는 전문가들 사이에 에디슨보다 뛰어난 혁신적 공학자로 평가 받는다. 앨런 머스크 회장이 '테슬라'를 세계 최초 순수 전기자동차 회사 이름으로 사용했음도 혁신적 이미지 때문이다.

테슬라가 새롭게 출시할 보급형 전기자동차 예약 판매가 시작되자 이틀 만에 27만 대라는 경이적인 신청률을 기록해 기존의 자동차업계를 긴장시키고 있다. 당장 자동차를 인수하는 것도 아니고 천 달러 디 파짓 후 몇 년을 더 기다리는 불편을 감수하며 몰려든 소비자들의 뜨거운 반응에 놀랐기 때문일 것이다.

전기차는 가솔린보다 저렴한 연료비와 트랜스미션이나 내연기관이 없어 정기적 관리도 필요치 않다. 그리고 부품이 단순해 고장날 여지가 적음도 전기자동차의 장점이며 주유소에 들르는 번잡함도 없다. 무엇보다 단순한 구조 때문에 공간 활용도가 높으며 중량 배분의 최적화가 용이해 코너링이 뛰어난 장점도 무시할 수 없다.

아직은 주행거리가 짧은 상태에서 충전소 등 인프라 구축이 미흡해 전통적 자동차가 갖는 무한 질주 개념을 만족시키진 못하지만 지금의 발전 속도이면 해결에 오래 걸리지 않을 전망이다. 충전 시간을 15분 이내로 단축하고 주행거리를 350마일 이상으로 늘린다면 전통의 내연기관 자동차가 사라지는 건 시간문제로 보인다.

100년의 역사를 이어온 자동차는 기계와 철강은 물론 전자에서 가죽에 이르기까지 다양한 산업과 기술이 축약되어 있다. 따라서 자동차 생산과 기술력은 그 국가의 기술 수준과 공업생산력을 가늠하는 지표가 되기도 한다. 오래 전 크라이슬러 자동차에 구제 금융을 제공했던 사례와 금융위기 때 망하기 직전의 GM을 정부가 지원하고 나선 이유도 국가 경제에 미치는 파장을 고려한 조처였음은 모두가 아는 사실이다.

이렇게 중요한 자동차산업이 본격적인 전기차시대로 접어들면서 기존의 패러다임이 바뀌는 전환점에 서 있다. 지금까지는 대량생산 체제를 갖춘 자동차회사들이 전기차 생산에 소극적이었지만 테슬라의 성공적 론칭에 자극받아 전기차 개발과 생산에 더욱 속도를 낼 게 분명하기 때문이다.

아직은 전기자동차가 특수자동차로 인식되어 비싼 값에 팔리고 있지만 일반 자동차와 경쟁하기 위해선 가격을 대폭 낮춰야 한다. 이번 성공적인 판매도 자동차 값의 30%에 해당하는 정부보조금이 있었기 때문에 가능했음은 그 폭만큼의 원가 절감이 요구되는 이유다.

제조업에서 생산 가격을 낮추기 위한 많은 요소들이 있지만 우선은 대량생산이 필수적이다. 그러나 생산을 늘릴수록 매년 적자폭도 증가한 테슬라가 이를 어떻게 극복할지 큰 관건이 아닐 수 없다. 당장은 주문받은 자동차를 만들기 위해 설비와 인원을 대폭 늘려야 하지만 신규 투자는 현금 소진과 더불어 매년 막대한 상각 처리로 경영에 심각한 압박을 받을 게 분명한 상황이다.

경쟁업체의 진입을 막을 수 있는 특별한 기술도 없고 대량생산의 노하우가 부족한 테슬라 자동차가 연간 1,000만 대를 생산하는 글로벌 자동차 회사들과 경쟁에서 어떤 전략으로 대응해 나갈지 흥미롭다. 혁신적 아이디어는 그리 어렵지 않지만 그것을 현실에 구현하는 건 진정한 혁신 없이는 불가능한 이유다.

　바둑에 조예가 깊을수록 대국의 한 수마다 흥분과 전율을 느끼듯 테슬라와 전통의 자동차업체들이 벌일 경쟁은 경영자 입장에서 그 이상의 흥미를 느낀다.

　테슬라(이세돌)가 어떻게 대량생산에 최적화된 전통의 자동차회사들(알파고)과 경쟁하며 살아남을지 관심 있게 지켜봐야 하는 이유는 업종은 달라도 그 과정을 통해 경영자가 배울 수 있는 요소들이 많다고 생각하기 때문이다.

(2016. 4. 11)

오만은 필패를 부른다

　한국에서 실시된 20대 국회의원 선거는 모든 정당의 실패로 막을 내렸다. 결과만 본다면 새누리당의 참패와 더불어민주당의 대승, 그리고 국민의당의 성공으로 해석이 가능하다. 그렇지만 지역 기반인 호남에서 싹쓸이패를 당한 더불어민주당과 전국에서 지지를 얻지 못한 국민의당이 승리했다고 볼 수는 없기 때문이다.

　선거 전날까지도 과반을 쉽게 넘을 걸로 예상됐던 새누리당이 유권자로부터 철저히 외면 받은 건 그들의 고백대로 오만함에서 비롯됐다. 구태정치의 전형인 줄 세우기 공천으로 내홍을 겪는 와중에서도 지도부는 자신감에 차 있었으며 과반 달성이 어려울지 모른다는 너스레는 국민을 향한 일종의 협박처럼 들렸다.

　새누리당이 주도한 19대 국회는 대의정치제도의 중요한 가치인 협상과 타협의 정치는 실종되고 집권자의 의지만 관철시키려는 오만이

넘쳐흘렀다. 더욱 놀라운 것은 과반의석 확보가 어렵다고 판단됐던 한나라당 시절 자신들이 주도해 통과시킨 국회법을 철폐하자는 뻔뻔함도 보인 것이다.

또 입으로는 늘 국민을 받든다고 외치는 대통령이 민의를 무시한 내리꽂기식 공천 독선으로 민심을 돌아서게 만들었던 것도 핵심 패인 중 하나일 것이다. 온갖 잡음이 불거지며 두 개로 분열된 야당에게 표면적 대승을 안겨준 국민의 뜻은 한심한 건 봐줄 수 있지만 오만함은 용서치 않겠다는 의지의 표현이라 생각한다.

독일 이민자가 1895년에 설립한 미국의 슈윈(Schwinn) 자전거 회사는 1970년대 말보로와 코카콜라 다음으로 강력한 브랜드 파워를 가진 기업이었다. 개인의 교통수단으로 이용되던 자전거 수요를 자동차가 차지하면서 판매 급감의 위기를 겪기도 했지만 레저용 자전거로 컨셉을 바꿔 극복한 경험도 있다.

1980년대로 접어들면서 레저의 범위가 차츰 확산된 가운데 마운틴 바이크의 수요는 꾸준히 증가했지만 일반 판매는 정체되는 상황이 발생했다. 경쟁사들은 산악에 적합한 자전거 개발에 적극 나서며 새로운 시장을 개척해 나갔지만 슈윈의 경영진은 이를 폄하하며 외면하다 주력시장마저 저가에 밀려 결국은 파산하고 말았다.

자동차업계 부동의 1위를 지키던 GM도 1970년대 오일 쇼크를 경험한 후 엔지니어들을 일본으로 보내 도요타 자동차를 스터디했지만 소형차는 미국 소비자에 맞지 않는다는 경영진의 오판으로 포기했었다. GM이 그때부터 소형차 개발에 힘을 기울였다면 지금처럼 우수한 연비의 자동차 판매가 다수를 차지하는 시장 환경에서 그리 쉽게 어려움을 겪지는 않았을 것이다.

전자업계 리더였던 소니가 표준화 된 VHS방식을 무시하고 자신들이 개발한 베타방식을 고집하다 실패한 사례는 경영의 고전에 속한다. 이밖에도 세계 최초로 디지털 카메라를 개발하고도 전통적 필름에 감겨 몰락한 코닥과 자사가 개발한 복사 기술만 고집하다 후발 주자들에게 시장을 빼앗긴 제록스 등 수많은 사례들이 있다.

이렇게 혁신적인 기술로 시장을 장악하며 경쟁사를 압도해 나가던 선두 기업들이 몰락한 공통점은 언제나 자신들이 소비자를 주도한다는 오만의 함정에 빠졌었기 때문이다.

현대는 저가 자동차라는 소비자 인식을 극복하고 세계 일류 브랜드로 성장한 한국의 대표적 기업이다. 1980년 중반은 이탈리아의 피아트와 프랑스의 푸조 등 유럽의 유수 자동차 회사들이 미국 시장에서 철수하던 시기였다. 자동차 선진국 회사들도 견디지 못하고 철수하는 시장에 다소 엉성한 엑셀차가 들어왔을 때 오늘 같은 성공을 예측하는 사람은 아무도 없었다.

이는 자동차의 실제 가치보다 야박한 소비자의 평가 속에서도 실망하지 않고 오직 고객의 마음을 얻겠다는 일념으로 꾸준한 노력을 기울인 결과가 아닐 수 없다. 자신들의 방식을 고집하다 철수한 유럽 회사들과는 달리 소비자의 작은 불만도 간과하지 않고 품질에 반영한 결과 글로벌 탑5 자동차회사로 우뚝 선 것이다.

정부나 기업은 물론 오만한 개인도 시간이 지나면 반드시 대가를 치른다는 교훈을 수많은 실패 사례를 통해서 알 수 있다. 교만은 내놓고 건방을 떠는 것이지만 오만은 속으로 건방을 떠는 것이다. 진정한 배려는 입이 아닌 마음에서 나온다. 아닌 척 아무리 감추려 해도 전달될 수밖에 없는 게 사람의 속내다.

정치인은 몇 년에 한 번씩 평가를 받지만 기업은 소비자들로부터 매일 선택을 받아야 한다. '부족한 건 이해하지만 오만은 결코 용서하지 않는 대중의 확고한 의지'를 경영자가 잊어선 안 되는 이유다.

(2016. 4. 25)

경영의 기본은 생존이다

　"2005년 6월 미군 특수부대 SEAL 소속의 마커스 루트렐 하사관과 부대원 세 명이 오사마 빈라덴의 측근을 제거할 목표로 아프가니스탄 지역에 잠입했다. 매복 위치를 확보하고 자리를 잡은 순간 염소를 몰고 지나가던 목동들과 맞닥뜨렸다. 어른 두 명과 14세 가량의 소년이 포함된 목동들을 수색한 결과 아무런 무기도 소지하지 않았으며 한 사람은 소년의 아버지였다. 국제법이나 도덕적으로 마땅히 보내줘야 했지만 대원들의 위치를 탈레반에게 알려줄 위험이 매우 컸기 때문에 농부들을 죽여야 할지 그대로 보낼 것인지 심각한 논의를 했다. 한 대원은 적진에서 임무를 수행중인 우리의 목숨을 지키기 위해 저들을 절대로 보내선 안 된다고 강력히 주장했다. 루트렐은 그의 주장이 옳다고 생각했지만 마음 속에서부터 무장하지 않은 민간인을 죽이는 건 비윤리적 행위라는 양심의 소리가 들려왔다. 팽팽하게 의견이 맞선 가운데 한 명이 기권을 하자 루트렐은 살려주자는 쪽의 손을 들어줬다. 목동들을 보내고 얼마 지나지 않아 100여 명의 탈레반 병사들에게 포위돼 격렬한 총탄 세례를 받으며 대원 세 명이 목숨을 잃었고 그들을 구출하러 온 헬기까지 격추당해 미군 16명이 추가로 희생되고 말았다. 중상을 입고 기적적으로 구출된 루트렐은 훗날 우리에게 사형을 집행하도록 내가 캐스팅 보트를 행사했다며 후회하고 한탄했지만 결과를 되돌릴 수는 없었다."

이 내용은 마이클 샌델 교수의 저서 '정의란 무엇인가'에 사례로 소개된 실화를 요약한 것이다.

과거 심각한 품질결함 은폐사건으로 일본 내수판매에 어려움을 겪고 있던 미쓰비시 자동차회사에서 연비조작이 있었다고 실토했다. 발표 후 주가는 급락해 사흘 만에 시가 총액의 절반이 공중으로 날아가며 심각한 존폐위기를 맞이했다. 오늘의 현대자동차를 있게 한 일등공신이며, 80년이라는 긴 역사를 가진 회사가 바람 앞의 등불 신세로 전락한 현실이 안타깝다.

배기가스 조작 등 최근 들어 불거진 자동차회사들의 대형 스캔들은 결코 하루아침에 발생한 문제가 아닐 것이다. 처음 무겁게 생각하지 않았던 사안들이 시간이 지나면서 암세포로 변이된 것이 분명하다. 당시 연비나 배출가스 수치를 조작할 때는 경쟁에서 앞서기 위한 마케팅 차원의 문제로 판단했을 가능성이 높다. 그러나 한 번 잘못된 관문을 통과한 문제는 조직의 관행이 되어 시간이 지나면서 일상화 되는 것이 보통이다.

　자동차회사의 최고 경영자라면 연비나 배기가스 같은 기술적 한계치를 모를 리 없겠지만 이를 외면했거나 적극적으로 확인하지 않았을 가능성이 높다. 무엇보다 주가의 향방에 따라 경영진의 수입과 거취가 결정되는 환경에서 문제를 알았다 해도 먼저 터뜨리는 건 쉽지 않았을 것이다.

　경영자가 버려야 할 가장 나쁜 습관은 잘못된 문제를 알고도 조치를 미루는 우유부단이다. 세포의 모든 변이가 반드시 암으로 진전되는 건 아니겠지만 질이 나쁜 변이를 방치하면 생명을 위협하는 암이 될 가능성이 높기 때문에 우유부단한 사람이 리더가 되어서는 안 된다. 리더가 결정을 미루는 첫 번째 원인은 사안의 본질을 제대로 알지 못함에서 비롯된다. 조직의 모든 현안을 파악할 수 없다 해도 회사의 생존과 직결된 본질적 문제를 경영자가 모른다면 존폐를 위협하는 위기가 닥치는 건 시간문제일 뿐이다.

다음은 해결하는 과정에서 닥칠 고통을 회피하고 싶은 나약함이다. 한국의 조선관련 기업들이 겪고 있는 구조적 문제도 경영진이 몰랐을 리 없지만 작은 종기를 짜내는 고통을 회피하다 결국 썩은 살을 도려내는 큰 수술대에 오르는 신세가 되었다.

마지막은 평소 판단의 기준이 되는 명확한 정의가 정립되어 있지 않은 이유다. CEO는 사내 조직간 첨예한 의견 대립이나 비슷한 주장 같지만 완전히 다른 결과를 가져올 논리와 마주치는 경우가 적지 않다. 들어보면 두 주장 모두 일리가 있고 회사를 위한 것이기 때문에 결정은 더욱 어려울 수밖에 없다. 더구나 실리가 필요할 때 명분을 선택해야 하는 입장과 마주치면 더욱 난감해질 수밖에 없을 것이다.

샌덜 교수는 앞서 소개한 사례와 더불어 몇 가지 예시를 했지만 정의란 무엇인지 명제만 던졌을 뿐 결론은 내리지 않았다. 다만 마음씨 착한 지휘관이 잘못된 결정을 내려 부하들을 모두 죽게 했다면 좋은 사람이라고 할 수 있을까, 라는 의문에서 답을 찾을 수밖에 없다.

리더는 다수의 의견을 모으는 역할이 아니라 마지막 올바른 결정을 하는 사람이다. 결과적으로 책임을 져야 하는 경영자가 기업의 생존과 영속성을 기반한 판단은 당연한 것이며 국가가 헌법을 지키는 것과 같음을 잊지 말아야 한다.

(2016. 5. 9)

그래도 사람을 믿어라

한인 사업가 A씨와 B씨는 D씨가 추진하던 사업에 재무적 투자자로 참여했다. 잘 나가던 D씨의 사업이 무리한 확장으로 폐업한 걸 안타깝게 생각하던 지인들이 주축이 되어 재기를 돕기 위한 목적도 있었다. 2년이 지날 무렵 사업을 확장하기 위해 대형 쇼핑몰에 4만 Sf 규모의 두 번째 매장을 열기로 결정했다.

D씨는 자신의 크레딧이 약해 건물주가 3년 간 두 명의 보증을 요구하니 서명해 달라고 A씨와 B씨에게 부탁했다. 믿고 있던 D씨의 말과 문제가 생기면 렌트비를 분담하겠다는 나머지 투자자 4명의 사인을 받고 리스 계약서에 서명을 한 것이다.

의욕적으로 추진했던 확장은 경기 침체와 온라인 판매 회사들과의 경쟁에서 밀리면서 적자가 늘었지만 특별한 돌파구도 보이지 않는 상황이 닥쳤다. 3년이 지난 시점이라 건물 리스 책임에서 벗어났다고 믿었던 투자자들은 D씨에게 문을 닫자고 요청했다.

그러나 돌아온 대답은 개런티 기간이 5년이라는 당혹스런 답변이었다. 실망한 투자자들이 리스 계약서를 확인해 보니 10년간 책임을 져야 하는 내용이었다. 그래도 적자 사업을 지속하는 것보다 정리가 낫다고 판단해 유통 전문가인 B씨가 마무리 임무를 맡았다.

주주들이 모두 떠난 상황에서 B씨는 수십 만 달러의 개인 자금을 투입하여 뱅크럽시 없이 깨끗하게 정리했지만 5년 이상 남은 렌트비 부담은 큰 문제가 아닐 수 없었다.

이 부분을 논의하기 위해 만난 A씨와 B씨는 둘이서 남은 기간의 렌트비를 책임지기로 결정했다. 물론 문제가 발생하면 분담하기로 했던 다른 투자자들에게 크레임을 할 수 있었지만 그렇게 하지 않기로 합의한 것이다. 자칫하면 소송까지 갈 가능성도 있어 돈은 잃어도 사람은 잃지 말자는 결론을 얻었기 때문이다.

돌아온 렌트비를 반씩 부담하던 두 사람은 일년치 렌트비 60만 달러를 줄 테니 리스 계약을 해지해 달라고 건물주에게 제안했지만 번번이 거부당했다. 테넌트들이 썰물처럼 빠져 나가는 금융 위기의 와중에 보장된 3백 만 달러의 수입을 랜 로드 입장에서 포기하기는 어려웠을 것이다.

석 달째 렌트비를 지불하기 며칠 전 투자 파트너였던 C씨로부터 연락이 왔다. 쇼핑몰에 융자를 제공한 은행으로부터 노트를 매입하라는 제안을 받았으니 같이 인수하자는 내용이었다. 소설 같은 일이 실제로 벌어지는 순간이었다.

투자 전문 변호사인 C씨는 두 번째 매장 오픈을 결정한 이후에 참여했기 때문에 리스를 보증한 입장이 아니었지만 자신이 건물주가 되어 두 사람에게 렌트비를 받아야 하는 상황을 피하기 위한 배려였던 것이다. 전 소유주가 구입했던 가격의 절반인 1,400만 달러에 전격 인수한 부동산의 가격은 지금 몇 배가 올랐다.

자본주의 시스템에서 부를 축적하는 방식은 자신이 투자의 주체가 되거나 다른 사람에게 투자해 재산을 늘리는 방법이 있다. 미국 부자들의 다수가 두 가지를 병행하고 있지만 워렌 버핏처럼 전문 투자만으로 부를 축적하는 사람도 적지 않다. 자본이 없을 땐 외부로부터 투자를 받아 사업을 시작하고 여유 자금이 생기면 다른 곳에 투자해 위험을 분산하면서 기회를 확장하는 것이 투자의 기본 개념이다.

외부로부터 투자를 제의 받을 때 아무리 완벽한 제안서를 갖췄다 해도 서류가 성공을 보장하진 못한다. 따라서 투자 결심의 큰 부분은 사람에 대한 신뢰가 차지하기 마련이다. 결과적으로 투자의 기본은 사람을 믿는 것으로 출발하기 때문에 타인을 믿지 못하는 사람이 큰 재산을 모으는 건 불가능하다.

주변을 돌아보면 원래부터 타인을 믿지 못하는 사람이 있는가 하면 믿었던 사람에게 받은 마음의 상처로 불신하는 경우도 적지 않다. 후자의 경우 충분히 이해가 되고 안타깝지만 이는 합리적인 행동은 결코 아니라 생각한다. 만약 악의적인 사기에 걸렸다면 자신의 경솔함이나 욕심을 반성해야 하고 선의적 실패라면 '역지사지'로 생각할 필요가 있기 때문이다.

A씨와 B씨는 처음 D씨에게 크게 실망했지만 두 사람에게 피해가 가지 않을 거라 생각했을 D씨를 이해하고 이 경험 때문에 다른 사람을 불신하는 일이 없도록 하자고 서로를 위로했다. 이렇게 사적 감정과 이해관계를 넘어 반대의 입장에서 생각해 보는 여유와 보편적 관점으로 바라보는 '역지사지' 능력은 투자 활동에서 반드시 필요한 요소가 아닐 수 없다.

한두 번의 나쁜 경험으로 나머지 모두를 믿지 못하는 건 통계상 단순화의 오류에 불과하다. 부의 기본은 사람이며 그 기초도 믿음으로 시작됨을 인식하자.

(2016. 5. 23)

같이 울고 함께 기뻐하라

"주위를 둘러보라. 우리 부대 안에는 우크라이나 출신의 대위를 비롯해 흑인과 남미 출신, 그리고 중국인과 일본인도 있다. 또한 유대교부터 이교도까지 각기 다른 종교를 가지고 있지만 우리는 모두 미국인이다. 여러분 중 몇 명은 이 땅에 살면서 피부색이나 자신의 믿음 때문에 차별을 경험했을 것이다. 그러나 이 순간부터 우리 사이에 어떤 차별도 존재하지 않는다. 전우가 어떤 피부색을 가졌든 신을 뭐라고 부르든 여러분은 전우의 등 뒤를 봐 주고 그 전우는 여러분을 봐줄 것이다. 우리는 이제 강하고 결연한 적이 기다리는 전투 현장으로 떠난다. 나는 제군들이 살아서 돌아오도록 하겠다는 약속은 못하지만 다음 두 가지는 반드시 지키겠다. 전투현장엔 내가 먼저 도착하고 마지막에 떠날 것이다. 그리고 제군들이 전사하거나 생존하든 단 한 명도 내 뒤에 남겨 두고는 돌아오지 않을 것이다. 우리 모두는 죽어서나 살아서나 반드시 집으로 돌아온다."

한국전쟁에도 참전했던 할 무어 장군의 중령시절 실화를 바탕으로 제작한 영화 '위 워 솔저스'(We Were Soldiers, 우린 군인이었다)에서 월남으로 떠나기 전 부대원 앞에서 행한 연설 내용이다.

미국이 월남전에 본격 개입하기 시작하는 1965년 월맹군의 전투 능력을 탐색하기 위한 작전을 계획했다. 지휘관으로 하버드대 석사 출신 무어 중령이 지명됐으며 장소는 10년 전 프랑스군이 몰살당했던 아이드랑 계곡이었다.

제7기갑부대 1대대장 무어 중령이 395명의 부하들과 함께 헬기에서 내리자마자 전투가 시작된다. 이틀간의 치열한 격전 속에 선발대는 거의 전멸했으며 본부로부터 즉시 귀환하라는 명령이 떨어졌지만 무어 중령은 부하들을 두고는 갈 수 없다고 완강히 거부한다.

전투 3일째 2,000명의 월맹군에 포위된 비관적 상황에서 적과 아군을 가리지 않고 무차별 폭격을 가하는 브로큰 애로우를 요청해 전세를 뒤집은 무어 중령은 월맹군 본거지까지 급습하고 마지막으로 헬기에 올랐다. 전투현장에 가장 먼저 도착하고 자신의 등 뒤에 누구도 남겨두지 않겠다는 부하들과의 약속을 지킨 것이다.

지표상 경제는 나아지고 있지만 공급이 넘쳐나는 시장 환경에서 문을 닫는 업체들이 갈수록 증가하고 있다. 모두 최선을 다했겠지만 냉혹한 경쟁에서 누군가는 쓴잔을 마셔야 하는 현실을 피할 수는 없기 때문이다. 이처럼 치열한 경쟁을 뚫고 앞으로 나가기 위해선 무엇보다 조직원들의 헌신적 능력 발휘가 필수이다. 사원들의 자발적 역량을 최대치로 이끌어내기 위해선 근무 여건도 중요하지만 자기 직장에 대한 충성심이 우선한다. 이는 한 번의 조치로 만들어지는 게 아니라 경영자의 철학과 꾸준한 실천으로 쌓이게 된다. 즉 어떤 경우에도 자신을 버리지 않을 거라는 인간적 신뢰가 형성될 때 진정한 충성심이 우러나오기 때문이다.

직원을 채용할 때 해고옵션은 없다는 전제로 결정하고 입사한 직원에겐 능력을 발휘할 충분한 기회를 제공해야 한다. 혹 기대에 미치지 못하는 경우도 해고보다는 그 사람이 잘 할 수 있는 옵션을 찾아 가능한 한 회사에 적응하도록 도와주는 게 바람직한 자세일 것이다.

갑작스런 환경 변화로 경영이 악화되어 어쩔 수 없는 경우가 생기면 우선적으로 자신의 급료와 주주들의 배당부터 줄이는 모든 조치를 취한 후 감원은 최후의 수단으로 삼아야 함은 기본에 속한다. 평소 더 좋은 기회를 찾아 회사를 떠나는 직원에게도 진심어린 축하와 그 동안의 노고에 감사를 표하는 것은 리더로서 기본적 자세이며 인간적 도리일 것이다.

리더의 위치에서 주변의 딱한 사정도 자주 듣게 되지만 모든 문제를 다 해결해 줄 수 없는 것도 현실적 한계다. 그러나 실질적 도움을 주지 못한다 해도 그들의 어려운 처지를 공감해 주고 가능하면 도우려는 '측은지심'의 태도가 중요하다. 개인의 문제를 돕는 건 가족에게 일차적 책임이 있지만 다음은 사회가 아니라 함께 일하는 직장에 있음을 인식하는 게 경영자의 중요한 덕목이기 때문이다.

기업의 오너는 자신이 누리는 부와 편리함이 수많은 직원들의 땀으로부터 온다는 사실을 늘 인식하고 살아야 한다. 이런 감정을 느끼는 경영자에게 직원들은 운명을 함께한 전우와 같은 존재로 인식될 것은 분명하다.

전사했거나 생존했거나 어떤 부하도 적진에 남겨두고는 돌아서지 않겠다는 지휘관의 신뢰가 부하들의 충성심을 얻었고 불가능한 전투를 승리로 이끌었다.

슬픔에 잠긴 직원과 같이 눈물을 흘리고 기쁠 때 함께 웃는 리더가 이끄는 회사라면 어떤 파고에도 끄떡없이 전진할 걸 믿어 의심치 않는다.

(2016. 6. 6)

과거는 다시 오지 않는다

무역 한국의 중요한 축을 담당해 온 양대 국적 선사인 한진해운과 현대상선이 격랑의 바다에서 침몰하고 있다. 두 선사의 선장은 이미 배를 포기하고 키를 넘겼지만 풍랑은 멈추지 않고 위기는 계속되고 있다.

1970년대 중반에 설립된 두 회사는 수출 주도의 경제 성장과 더불어 세계 상위권 해운사로 성장했다. 설립 시기와 성장 과정 그리고 남편의 갑작스런 부재로 키를 잡다 침몰시킨 미망인들까지 한 치도 다름없는 두 회사의 운명이 안타까울 뿐이다. 더욱 아쉬운 점은 주부에서 CEO로 변신한 두 경영자가 회사를 잘 이끌어 비슷한 처지의 여성들에게 용기와 자신감을 심어주길 바랐기 때문이다.

위기에 빠진 한국 기업들의 대응 과정을 지켜보면 경영 실패로 발생한 문제를 업황의 문제로 대처하다 몰락하는 공통점이 있다. 경영

부실이 발생하면 본질적 접근보다는 감상적 여론에 빠져 땜빵식 처방만 계속하다 파국을 맞는 게 지금까지 보아온 일반적 수순이었다.

이는 직장을 잃고 싶지 않은 직원들과 썩은 살을 도려낼 용기가 없는 경영자, 그리고 사회적 이슈를 피하고 싶은 정부의 삼박자가 만들어낸 예정된 결과가 아닐 수 없다.

고가의 선박을 구입해 일정 기간내 이익을 내야 하는 해운업은 이동형 장치산업이라 할 수 있다. 토지를 포함한 건물과 달리 선박은 선령 기간내 수익을 내지 못하면 고철로 변하기 때문에 막대한 감가로 큰 손해가 따르게 된다. 이처럼 효율적 선박 운용이 손익에 절대적 비중을 차지하는 해운업의 특성상 운임이 낮다고 화물을 덜 싣거나 운항을 중지할 수가 없는 구조다.

따라서 지금처럼 선복량이 넘치면 손해를 보더라도 더 많이 실어야 손실을 줄일 수 있어 생존을 위한 치킨게임을 피할 수 없는 게 선사들의 숙명이다. 이와 같은 환경에서 회계법상 부채에 포함하지 않는 리스 비용을 감안하면 부채비율이 수천 %가 넘는 한진해운과 현대상선이 살아날 수 없음은 분명한 현실이다.

이처럼 파이낸싱 능력에 따라 성패가 좌우되는 해운업의 본질은 금융업과 다름없다. 따라서 지금처럼 경기 사이클이 짧고 불확실성이 높은 환경에서 장기용선 계약은 리스크가 매우 높다는 건 삼척동자도 아는 이치다. 그럼에도 이를 간과한 두 회사는 무모한 계약으로 금융업의 기본인 리스크 관리 실패로 몰락의 길에 들어선 것이다.

자사 소유의 선박은 비상시 경영전략에 따라 싼 값에라도 처분이

가능하지만 용선은 계약기간이 끝날 때까지 손해를 무릅쓰고 운영하지 않으면 안 된다. 이는 배를 자신의 의지대로 운항하는 것과 키가 고정되어 뻔히 보이는 폭풍 속으로 돌진하는 차이와 같아 용선 의존도가 높은 두 선사에 절대적으로 불리하다.

회사를 경영하면서 상황 논리가 우선하는 경우도 어쩔 수 없이 발생한다. 그러나 문제가 불거지면 냉정하게 판단해 과감하고 신속하게 대처해야지 상황 논리의 실패를 다시 상황 논리로 대응하는 건 더 큰 불행을 가져다 줄 뿐이다. 양 선사의 본질적 위기는 잘못된 용선 계약에서 비롯된 것이지 경제 상황 때문만은 아니었다. 그럼에도 경영진과 주관 은행은 원인은 덮어놓고 경제가 회복되면 좋아질 것이라는 비이성적 낙관주의로 일관하다 소중한 자본만 낭비하고 회사는 거덜을 냈다.

배 밑바닥에 구멍이 뚫려 물이 들어오고 있는데 중요한 자산들만 바다에 던져 당장 침몰을 막기에 급급했던 결과가 아닐 수 없다. 각국의 선사들도 어렵긴 마찬가지다. 그러나 일본의 경쟁사들은 두 선사와는 확연히 다른 전략으로 맞섰다. 한진해운과 현대상선이 캐시카우 역할을 하는 터미널을 포함한 벌크선과 자동차 운송선 같은 우량 자산을 팔아 적자를 메울 때 그들은 악착같이 핵심사업을 지켜 손실을 최소화했다.

이처럼 수익사업을 정리해 망해가는 사업을 살리는 회생은 미국에선 상상하기 어렵다. 경쟁력에 한계를 느낀 볼보자동차가 우량 사업인 상용차 부분을 지키기 위해 매출이 월등히 많은 승용차사업을 매각했음도 같은 맥락이다.

한진해운과 현대상선은 과거보다 더 좋은 호황이 와도 저리의 금융 지원 없이는 경쟁력을 갖추기 어렵다. 그들은 이미 환경 적응에 실패했고 경쟁력인 소중한 자원을 모두 낭비했기 때문이다.

한국인들은 기업이 위기에 몰렸을 때 과거 향수를 잊지 못하는 경향이 매우 강하다. 그러나 이런 정서에서 빨리 벗어나지 못하면 기업의 아픈 역사는 되풀이 되고 지나간 영광은 다시 오지 않는다. 돌아오지 않을 미련을 버리고 다가올 미래를 통찰하여 냉정하게 대응하는 게 경영자의 소임이다.

(2016. 6. 20)

현명하게 지는 법을 배우라

어느 중견 탤런트가 스스로 목숨을 끊었다는 한국 뉴스를 읽었다. 사랑하는 가족을 두고 황망하게 떠나야 했을 그의 고통을 가늠할 순 없지만 극단적 선택에 마음이 무겁다.

다음날 인터넷 판에는 아파트 옥상에 올라가 자살을 시도하는 젊은 여성을 구조하는 사진이 올라 있었다. 긴 머리에 짧은 원피스를 입고 아찔한 높이의 난간에 위태롭게 서 있던 21살의 여성은 주변의 평범한 학생의 모습이라 더욱 가슴이 먹먹해진다. 경제적으로 윤택해진 오늘날 평범한 사람의 자살은 뉴스로도 취급되지 않을 만큼 일상화된 조국의 현실은 승리 지상주의 교육이 빚은 단면이 아닐까 걱정이 된다.

OECD 국가 중 한국인의 자살률이 가장 높다는 건 잘 알려진 사실이지만 자영업자와 청소년 비중이 크게 차지하고 있는 건 매우 심각한 문제다. 자살해도 괜찮은 사람이야 없겠지만 가정과 직장에서 막중한 위치에 있는 중년 가장과 아직 사회에 첫발도 내딛지 못한 청소년은 어떤 경우라도 막다른 선택을 해서는 안 되는 사람들이기 때문이다.

하루 평균 30~40명이 스스로 목숨을 끊을 만큼 한국인의 자살률이 높은 건 유달리 강한 승부욕과 정당한 패배도 인정하지 못하는 낮은 자존감도 큰 부분을 차지할 것이다.

한정된 자리를 두고 치열한 경합을 벌이는 사회에선 상대평가를 선택의 수단으로 삼는 건 어쩔 수 없는 현실이다. 그러나 비교 우위를 가르는 상대 평가는 객관적 실력이 우수한 사람도 자칫 무능한 사람으로 전락하는 문제를 안고 있다. 따라서 한국의 아이들은 마음껏 뛰

어놀아야 하는 유치원부터 높은 이상과 상상력을 키워야 하는 청소년 시기를 치열한 경쟁으로 보내야 한다.

이런 과정에서 지식은 더 많이 습득할 수 있을지 모르지만 극단적 경쟁심은 다른 사람의 불행을 자기 행복의 기초로 삼는 비뚤어진 인성이 형성될 가능성이 높다. 정당한 결과나 주장도 경쟁자라면 무조건 반대하며 자신의 실패도 타인에게 전가하는 비뚤어진 사람이 흔하게 목격되는 사회는 건강한 공동체가 될 수 없어 큰 문제가 아닐 수 없다.

어느 국가를 막론하고 자본주의 사회가 무한경쟁 구도로 짜여 있음은 모두에게 적용된 불가피한 상황이며 체급을 가리지 않고 룰도 없이 싸우는 격투기와 다를 바 없다. 이처럼 약육강식의 정글의 법칙이 적용되는 자본주의 사회는 아인슈타인 박사의 지적대로 '경제적 무정부 상태'와 다름없다. 따라서 자본주의 정글에서 스스로를 지키기 위한 경제적 전투를 치를 수밖에 없음은 오늘을 사는 모두가 당면한 현실인 것이다.

경쟁에는 언제나 상대가 있게 마련이고 아무리 유능한 개인이나 조직도 최선을 다하는 경쟁자를 항상 이기는 건 불가능에 가깝다. 메이저리그의 우승팀이라도 100번을 싸우면 40번은 패하고 천재적 재능을 가진 타자도 10번 시도에 6번을 실패한다. 또한 아무리 번듯해 보이는 회사도 수많은 실패의 경험이 있으며 남들이 부러워하는 사람도 보이지 않는 고통의 흔적들이 고스란히 남아 있음도 같은 이치다.

이는 성공과 실패가 따로 있는 게 아니라 동전의 양면처럼 실패의 뒤편에 성공이 자리하고 있어 결코 포기하지 않는 사람이 성공한다는 사실을 일깨워 준다.

성공의 척도는 절대로 주관적이어야 하고 진정한 경쟁자는 자신이어야 한다. 특정 상대나 조직을 비교해 성공의 척도로 삼는다면 세상은 실패자로 넘쳐나겠지만 반대의 경우 모두가 성공하는 사회가 될 것이기 때문이다. 몇 번의 도전으로 목적을 이루지 못했거나 본래의 목표를 낮췄다고 실패라 생각하는 건 매우 위험한 생각이다.

기업이나 개인이든 목표가 없는 것이 실패지 현재 달성 여부가 아니다. 무슨 일이든 계획과 달리 환경은 언제나 바뀔 수 있고 변수는 상존하기 마련이다. 따라서 상황이 바뀌거나 변수 때문에 수정한 현실적 목표를 달성했다면 그것이 진정한 성공임을 믿어야 한다.

유도를 배울 때 낙법부터 가르친다. 상대의 공격을 피할 수 없는 상황에서 현실을 인정하고 자신을 부상으로부터 보호하는 게 낙법의 목적이다. 당장의 패배를 인정하지 못해 영원히 지는 것보다 한 판을 잃고 다음 경기에 승리하는 게 현명한 처사이기 때문일 것이다.

항상 이길 수 없는 경쟁이라면 질 때도 현명하게 지는 당당함이 필요하다. 비뚤어진 자존심을 버리고 당당한 자존감을 키우는 게 진정한 성공의 시작임을 기억하자.

(2016. 7. 18)

Bank of Hope, 더 높은 도약을 바란다

BBCN과 윌셔은행이 Bank of Hope(희망은행)로 하나가 돼 원대한 발걸음을 내디뎠다.

30여 년 전 작은 커뮤니티 은행으로 출발한 두 은행이 전국에 85개의 지점망을 둔 자산규모 140억 달러의 리저널 뱅크로 성장했음은 우리 교민들의 자부심이 아닐 수 없다.

미국 이민이 급증하던 1970~80년대 본국 은행 지점이 타운에 있었지만 한국식 권위와 관료주의로 진정한 커뮤니티 뱅크 역할에는 부족함이 많았다. 이런 아쉬움을 배경으로 설립된 교포은행은 주류은행이 거절한 융자도 기꺼이 제공해 LA지역 교민들이 탄탄한 경제적 기반을 구축하는 데 크게 기여했음은 모두가 아는 사실이다.

언론에서 로컬은행이나 리저널 뱅크라는 용어를 사용하지만 실제 그 경계를 정하는 규정이나 정의는 없다. 통상적으로 규모와 지점이 위치한 지역적 분포가 넓다는 의미로 애매하게 사용되는 개념일 뿐이다.

그러나 자산의 규모가 커질수록 감독국의 감독 수위가 더 높아지는 현실적 부담이 따른다. 일반적으로 10억 달러(1 billion)와 100억 달러(10 billion)를 넘을 때 감독 기준이 더욱 강화되며, 다음은 대마불사(too big to fail) 수준의 메이저 은행들이다. 큰 은행이 되면 비상시 위기를 견딜 수 있는지 자본 측면의 스트레스 테스트와 소비자를 보호하기 위한 남용방지에 관한 더욱 까다로운 규제를 받게 되는 것이다. 따라서 희망은행이 합병을 통한 비용 절감으로 단기적 관점에서 실적이 좋아질 건 분명하지만 강화된 감독 기준에 따르는 여건 변화를 감안하면 장밋빛 꿈만 꿀 수도 없는 상황이 아닐 수 없다.

무엇보다 시급한 사안은 하나가 된 두 조직의 정서를 통합해 공동의 목표를 우선하는 가치관 확립이 중요하다. 어느 기업이나 보이지 않는 독특한 기업문화(정서)가 있기 마련이며 이는 직원들의 강한 연대감으로 작용한다. 따라서 환경 변화에 따른 이질감을 신속히 해소하지 못하면 내부 갈등이 발생할 가능성도 간과할 수 없다. 이처럼 향후 은행 발전에 큰 짐이 되는 '한 지붕 두 가족' 정서를 차단하기 위해선 합병 과정에서 이뤄진 고위직 자리 배분도 향후 인사에서 바로잡아야 할 중요한 과제일 것이다.

다음은 이사진과 경영진의 기득권 내려놓기다. 작은 지분이라도 보유한 이사들은 나름 독립성을 가지고 있지만 그렇지 못한 경우 실질적 임면권자의 요구를 무시하기 어려운 것도 현실이다. 이는 행장을 선임하고 경영진을 평가하는 막중한 권한과 책임 있는 이사회가 자칫 특정인들의 기득권을 지키는 데 이용될 가능성이 높은 구조라 할 수 있다. 주주로부터 권한을 위임받은 이사가 소신껏 행동하기 어려운 세력 구조를 개선하지 못하면 거버넌스 시스템이 제대로 작동하기 어렵다.

따라서 이사에게 주어진 베네핏이 주수입원으로 독립성이 취약할 수밖에 없거나 주식을 보유한 이사라도 식견이 부족한 사람을 배제한 이사회 구성이 필요하다. 독립성을 갖춘 능력 있는 이사들이 장기전략을 수립하고 경영진을 정확히 평가할 수 있어야 더 큰 은행으로의 도약이 가능하기 때문이다. 이를 위해 메이저급 은행에서 고위직 경험을 쌓은 인사를 적극 영입하고 새 이사회 멤버들은 개인의 입지보다는 은행의 성공을 판단의 최우선 순위에 두는 사고의 전환이 필요하다.

마지막으로 직원들의 전문성을 강화시켜 비즈니스 융자를 늘려야 큰 은행으로의 도약이 가능하다. 지금 같은 부동산을 담보한 대출은 특별한 지식이 없어도 누구나 할 수 있는 일이다. 그러나 비즈니스 융자는 기업의 재무지표를 제대로 읽을 수 있는 전문성이 없으면 성공하기 어렵다. 단순히 넘버를 보는 건 어렵지 않지만 숫자 이면에 흐르는 스토리를 감지해 결정하는 능력이 요구되기 때문이다. 이는 전문지식도 중요하지만 환경 변화에 따른 미래 예측이 가능한 통찰력과 사람을 보는 안목을 갖춘 진정한 뱅커라야 가능한 것이다.

주류은행의 문턱을 넘기 어려운 이민자들을 돕기 위해 설립된 샌프

란시스코의 작은 은행이 오늘날 뱅크 오브 아메리카(BOA)로 성장했다. 같은 동기로 시작한 뱅크 오브 호프(BOH)도 대형 은행으로 성장할 잠재력이 충분하다고 확신한다. 지금까지의 발전 속도와 유능한 직원들의 역량을 감안하면 절대 불가능한 도전이 아니기 때문이다.

교민 경제 성장의 표본인 희망은행에 거는 우리의 기대와 바람은 매우 크다. 더 높이 날아올라 모두에게 꿈을 주는 진정한 희망은행이 되길 진심으로 바란다.

(2016. 8. 15)

인생의 계절엔 겨울이 없다

빛바랜 잎 사이로 침묵이 흐르면 산 너머 강가엔 물안개가 피어오른다. 살갗을 휘감는 찬바람에 잊었던 외로움이 가슴으로 파고드는 계절. 여름날 뜨거웠던 열정도 그 빛나던 푸르름도 이제는 침묵 속으로 흡수되는 시간. 드높은 하늘에 뿌려진 구름처럼 내 그리움의 잔상들이 흩어지는 가을. 봄 들판엔 꽃이 피지만 겨울 없는 내 가을은 다시 오지 않는다.

꼭 잡은 어머니의 손을 놓지 못했던 초등학교 입학 첫날, 그 두근거림이 아직도 생생한데 어느덧 60 인생의 마지막 계절과 맞닥뜨린 소회를 표현해 보았다.

환갑은 자신이 태어난 해와 같은 육십갑자의 간지 해가 다시 찾아온 것을 의미하는 회갑으로도 불린다. 우리 할아버지 세대만 해도 60세가 되면 살아있는 조상으로 승격되어 풍성한 제상을 받은 후 장남에게 안방을 물려주고 사랑채로 내려갔다. 노동력이 곧 경제력이던 농경사회에서 노쇠한 부모를 쉬게 하는 풍습이었을 것이다.

人生不滿百 常懷千歲憂 (인생불만백 상회천세우)
"사람이 백년을 채워 살지도 못하면서
늘 천년어치의 근심을 품고 사네."

중국 한나라 때의 민요 '서문행' 의 구절처럼 저마다의 근심을 품고 사는 게 우리네 인생사다. 특히 많은 현안 속에 일상을 보내는 경영자의 십수 년 세월엔 잔물결이 그칠 날이 없었을 것이다. 비정한 결단과 비열한 처신도 생존이라는 절명의 순간 앞에서는 선이었지만 시간이 지나면서 후회로 밀려온다. 잘 했던 기억보다 어리석었던 순간들이 더 아프게 다가오는 계절, 그래서 인생의 가을은 신이 우리에게 주신 최고의 선물이 아닐 수 없다.

인고의 세월을 헤치고 경제적으로 성공한 한인 1세 사업가 대부분은 60대를 넘어선 장년층이 되었다. 다수는 은퇴를 했거나 준비중이지만 이미 회사에서 물러난 사람이 다시 업무에 복귀하는 사례도 적지 않다고 들었다.

처음 몇 달은 그동안 미뤘던 여행이나 취미생활로 바쁘게 보내지만 갑자기 남아도는 시간에 무력감을 느끼는 이유에서다.

오랜 시간을 함께한 사람들을 떠나 혼자 있을 때 느끼는 외로움이나 상실감은 인간의 보편적인 감정이다. 그러나 이런 감정을 극복하

지 못하고 다시 돌아가는 것은 당사자의 철학적 빈곤과 물질적 욕심에서 비롯된 경우가 많음도 부인하기 어렵다.

재물을 제일의 가치로 여기는 이기적인 사람일수록 시간을 경제적 가치로 환산하고 자신이 유능해서 성공했다고 착각하는 경향이 매우 높기 때문이다.

풍요로워진 한국인들이 정신적 빈곤에서 허덕이는 오늘의 모습은 전도된 가치관의 결과이며 존경하는 어른을 찾기 어려운 작금의 상황은 철학의 빈곤을 더욱 가속화시킬 것이 분명하다.

흔히 '몸은 늙어도 마음은 청춘'이라고 말한다. 이는 일정부분 빈곤한 우리의 심리를 반영하며, 그래선지 한국인만큼 젊어지기 위해 발버둥치는 민족도 드물다. 시간을 역행하기 위해 애쓰는 것만큼 어리석은 행동도 없으며 연륜과 반대로 가는 인격만큼 불쌍한 모습도 없음을 장년은 잊지 말아야 한다. 이는 유한한 삶을 사는 인간이 항상 같은 정신세계에 머물러선 안 되는 중요한 이유다. 때에 따라 행동하고 나이가 들면 내면의 세계도 풍요롭게 익어가는 것이 가을다운 어른의 모습이기 때문이다.

요즘 경제적으로 성공한 노년의 교민들이 자신의 이름을 내건 재단 설립이 유행이다. 취지는 환영할 일이지만 일부는 자기 과시나 세금 회피 등 저급한 의도를 갖고 있음도 사실이다. 타운에서 활동하는 비영리단체 책임자들과 얘기를 나누다 보면 한인사회 기부 참여가 절대적으로 부족함을 호소한다.

교민들이 이룩한 경제적 성취와 설립된 자선 재단의 숫자에 비하면 그 참담한 수준에 할 말이 없을 정도다. 사회로부터 누구보다 혜택 받은 성공한 사람이 끝까지 이기적인 모습을 보이는 건 옆에서 보기에도 측은하고 불쌍하다. 진심으로 좋은 일을 하고 싶다면 많은 미국인처럼 건실한 자선단체를 조용히 돕는 것이 바람직한 장년의 처신이 아닐까 생각한다.

떫은 감이 볼그랗게 홍조를 띠고 파랗던 벼가 황금색으로 고개 숙인 가을은 어느 계절보다 풍성하고 아름답다. 가을에 파란 잎은 무심히 밝고 가지만 곱게 물든 낙엽은 사랑하는 사람의 손에 건네는 소중한 추억이 된다.

　"울타릿가 감들은 떫은 물이 들었고/ 맨드라미 촉계는 붉은 물이 들었지만/ 나는 이 가을날 무슨 물이 들었는고"

– 서정주 시인의 〈추일미음秋日微吟〉 중에서

　시인의 독백처럼 인생의 마지막 계절 나는 무슨 물이 들어가고 있는지 사색하는 장년들이 한인사회에 많아지기를 바란다.

(2016. 9. 19)

브라이언 김 경영칼럼

영혼을 움직이는 리더쉽

•

지은이 / 브라이언 김
발행인 / 김영란
발행처 / 한누리미디어
디자인 / 지선숙

•

08303, 서울시 구로구 구로중앙로18길 40, 2층(구로동)
전화 / (02)379-4514, 379-4519
Fax / (02)379-4516
E-mail/hannury2003@hanmail.net

•

신고번호 / 제 25100-2016-000025호
신고년월일 / 2016. 4. 11
등록일 / 1993. 11. 4

•

초판발행일 / 2016년 10월 5일

•

ⓒ 2016 브라이언 김 Printed in KOREA

•

값 15,000원

ISBN 978-89-7969-721-6 03320